学校の教員になろう！

― 元教員が語る、教員の魅力と在り方 ―

成田 孝

大学教育出版

まえがき

　近年、「教員は忙しい」というイメージが形成されている。しかし、確かに多忙な教員もいるが、そうでない教員もいる。教員よりも多忙な職業や職場もある。教員は以前からあるのに、「教員は忙しい」というイメージが定着してきたのは近年である。近年になって、教員の業務が大幅に増えた実感はない。むしろ、パソコンの導入によって、便利になったと思う。

　「教員は忙しい」というイメージと、教員志望者の減少は繋がっているのだろう。教育委員会も、教員の確保に頭を悩ませている。教員が敬遠される理由は、「教員は忙しい」というイメージがもたらす「長時間労働」が第一に挙げられている。そのため、教員の働き方改革として、「部活動の地域移行」「ペーパーレスおよびICTの促進」「集金の銀行振込」などが検討されている。これらは、現状の教員定数配置下での思考である。なぜか、教員の大幅定員増の議論は行われない。また、教員が敬遠される理由に、「児童・生徒や保護者への対応」も挙げられている。教員に限らず、労働環境は改善しなければならない。教員の定数増や、働き方改革は当然である。教育行政の見直しも急務である。

　教育にとって、教員の労働環境は大切だが、それは教育の本質ではない。児童・生徒に学びを創造することが本質である。授業を極めようとする教員ほど、授業の計画、準備、評価、研究や研修に時間をかける。時間はいくらあっても足りない。いくら働き方改革しても、現状の教員の定数のままで勤務時間内に業務を終えるなら、授業の計画、準備、評価、研究・研修が不十分になるのは目に見えている。

　教員の志望減少の理由を、「教員は忙しい」というイメージのせいにするのは簡単である。幼稚園のときの先生に憧れて、幼稚園の教員になる人がいる理由を考えなければならない。それは、幼稚園のときの先生の教育

が魅力的だったからである。保育園、幼稚園、小学校、中学校、高等学校で接した教員の授業が魅力的だったかが問われる。教育実習校の教育が、魅力的だったかも問われる。さらに、大学の教職課程の講義から、学校の教員になりたいという実感が湧いたかも問われる。

　自分がこれまでに接した先生、大学の教職課程の講義、教育実習などから、児童・生徒と共同で学びを創るという教員の魅力をどこまで持つことができたかが問われる。大学教員は、児童・生徒と教員が共同で学びを創るための知見や教育方法学を、履修する学生にきちんと学ばせているだろうか。とおり一遍になっていないだろうか。表面的な知識の伝達になっていないだろうか。

　児童・生徒と共同で学びを創るという教員の魅力が実感できていれば、「教員は忙しい」というイメージだけで教員を志望しないことは考えられない。

　つまり、教員志望者の減少は日本の教育が充実していないことの表れである。教育の危機である。教育は人材の育成、つまり将来の社会の担い手を育てる営みなので、将来の危機でもある。教員の働き方改革に矮小化してはならない。学びの創造を通して児童・生徒の生命が輝かなければ、教育の魅力を創ることも、教員志望者が殺到することもありえない。

　教員になるためには、大学で教員免許状取得に必要な単位を修得しなければならない。教員免許状を取得するだけなら、どこの大学に入学してもかまわない。しかし、教員免許状取得に必要な授業科目の中身は大学によって大きく異なる。どこの大学に入学するかが、極めて重要である。

　児童・生徒と教員が共同で「学びを創る」ことは容易でないが、本書は「学びを創る」という教員の魅力を少しでも伝えられたらと思う。また、本書は学校や教員の在り方にも言及した。児童・生徒に学びを創ることと、教員の授業力は比例するので、研鑽に努めなければならない。さまざまな課題の克服なくして、学びを創造することはできない。課題の克服は、教員のやりがいでもある。教員に魅力と可能性は、教員自身がつかみ取るものである。

　本書が職業として教員を選ぶための判断材料、教員になるために何を基準に大学を選べばよいのかの判断材料、教員として歩むために何を大切にしたらよいのかを考える指針になれば幸いである。

　本書が、教職科目を担当している大学の教員が講義を、授業を担当している学校の教員が授業を、教育行政の職員が教育行政をそれぞれ見直す契機になればありがたい。

学校の教員になろう！

― 元教員が語る、教員の魅力と在り方 ―

目　次

第5章　教員時代のエピソードに学ぶ

第6章　教員時代のエピソードに学ぶ

学校の教員になろう
― 元教員が語る、教員の魅力と在り方 ―

第1章

教員免許状は多くの大学で取得できるが、どの大学で取得するかが重要である

　教員免許状取得に必要な単位を修得するだけなら、どの大学でもよい。しかし、講義での学びが今後の教員生活の基盤になることを考えると、どの大学でどのような講義を受けて、何を学んだかが重要になる。

　大学を選ぶ場合は、名前、施設、設備、場所（県内・県外、都会・地方）、通学距離、偏差値などよりも中身が重要である。中身とは、講義の内容である。講義の内容を支える、大学教員の力量である。

　今はどの大学も、個々の教員の研究業績を公開している。研究業績の主なものの中身をチェックして、受けたい講義の多い大学、研究業績に優れる教員が多い大学を選びたい。

1　教員免許状を取得する

　教員になるためには、大学で学位を取得するとともに教員免許状取得に必要な科目の単位を修得して、都道府県教育委員会に教員免許状授与の申請をしなければならない。

　教員免許状には種類があるので、どの大学で、どの教員免許状を取得したいのかを決めなければならない。

　一種免許状を希望する場合は4年制大学に、二種免許状を希望する場合は2年制大学（短期大学）に、専修免許状を希望する場合は4年制大学で教員免許状したうえで大学院に入学しなければならない。よって、一種、二種、専修のどれを希望するかによって大学の大枠が決まる。次に、幼稚園、小学校、中学校、高等学校、特別支援学校、養護教諭、栄養教諭のどれを希望するのか、中学校および高等学校の場合はどの教科を希望するのかを決めなければならない。

2　教員免許状には種類がある

　教員免許状は通称であって、正式名称は「教育職員免許状」である。「特別免許状」は教員免許状を持っていない社会人などを教員として採用するためのもの、「臨時免許状」は「普通免許状」を持っている人を採用できないときに例外的に授与する助教諭の免許状なので、「教員免許状」は「普通免許状」のことと思ってよい。

　普通免許状取得の基礎資格が学位なので、大学を卒業しなければならない。大学を卒業すると「学士」、大学院を卒業すると「修士・博士」の学位を取得することができる。学位を取得するためには、4年制大学は124単位、2年制大学（短期大学）は60単位修得しなければならない。

　4年制大学で一種免許状を取得する場合は、教科や教職に関する科目などを67単位、2年制大学で二種免許状を取得する場合は45単位、大学院

表 1　教員免許状の種類

		幼稚園
普通免許状	一種免許状	小学校
		中学校（教科ごと）
	二種免許状	高等学校（教科ごと）
		特別支援学校
	専修免許状	養護教諭
		栄養教諭
特別免許状		
臨時免許状		

で専修免許状を取得する場合は 24 単位修得しなければならない。専修免許状の場合は、大学院の 24 単位と 4 年制大学の 67 単位と合わせると、91単位修得することになる。

　中学校教諭免許状と高等学校教諭免許状は、教科ごとになっている。中学校の教科は、国語、社会、数学、理科、音楽、美術、保健体育、保健、技術、家庭、職業、職業指導、職業実習、外国語、宗教である。高等学校にのみ、二種免許状はない。また、高等学校の普通免許状は、「一種と専修共通の教科」と「一種のみの教科」がある。「一種と専修共通の教科」は、国語、地理歴史、公民、数学、理科、音楽、美術、工芸、書道、保健体育、保健、看護、看護実習、家庭、家庭実習、情報、情報実習、農業、農業実習、工業、工業実習、商業、商業実習、水産、水産実習、福祉、福祉実習、商船、商船実習、職業指導、外国語、宗教である。「一種のみの教科」は、柔道、剣道、情報技術、建築、インテリア、デザイン、情報処理、計算実務である。

　特別支援学校教諭免許状は、盲学校・聾学校・養護学校に分かれていたのが 2007 年に一体化された。なお、特別支援学校には、小学部・中学部・高等部併設、高等部のみ（高等特別支援学校）がある。小学部所属教員は小学校教諭免許状、中学部所属教員は中学校教諭免許状、高等部所属教員は高等学校教諭免許状を所持しなければならない。

　「養護教諭」は、いわゆる保健室の先生である。「養護教諭」は全ての学校に配属される。「栄養教諭」は食育推進のために 2005 年に制度化されたが、学校に配置義務はない。

　また、最近「保育教諭」という言葉を聞く。「保育教諭」は 2006 年の認定子ども園のスタートに伴い、保育士と幼稚園教諭の 2 つの資格を持つ教員を指す。

　さらに、「司書教諭」や「司書」もある。「司書教諭」の資格を取得するためには、基礎資格として、小学校、中学校、高等学校、特別支援学校のいずれかの教員免許状を取得したうえで司書教諭資格に必要な単位を修得しなけらばばならない。学校図書館法では、12 学級以上の学校に司書教諭を必ず置かなければならない。

　「司書」は大学を卒業し、司書資格に必要な単位を修得するか、必要な講習を受けなければならない。「司書」は公共の図書館で働くことが多く、学校で配置しているところはほとんどない。

3　大学を卒業してからでも、教員免許状は取得できる

　在学中に教員免許状を取得しなくても、卒業後に教員免許状を取得することは可能である。民間会社に就職しても、辞めて、教員になる人は珍しくない。また、大学卒業時に取得した教員免許状とは別の教員免許状を取得する場合もある。

　大学を卒業して学位の資格があれば、取得を希望する教員免許状に必要な教職課程の単位修得は、放送大学、通信教育、科目等履修生、認定講習などで可能である。科目等履修生はほとんどの大学で受け入れている。就職している場合は、働きながら放送大学、通信教育、認定講習などで新たな教員免許状を取得することができる。

　また、教員在職中に給料をもらいながら、学校から離れて教職大学院で学び、専修免許状を取得することもできる。ただし、この場合は教育委員会などの選考があるので、希望者全員が教職大学院で学ぶことができるわ

けではない。教職大学院は、国立（独立行政法人）の47大学、私立の7大学で設置している。

　筆者は美術大学卒業なので、中学校（美術）と高等学校（美術・工芸）の教員免許状を取得した。中学校に採用され、美術を担当した。その後、他県の高等学校（美術）の教員採用試験を受けたら、養護学校に採用された。養護学校の教員免許状は所持していなかったので、夏休み期間中に開催された認定講習で必要な単位を修得し、養護学校の教員免許状を取得した。養護学校（特別支援学校）には3校、計34年間勤務したが、中学校と高等学校の教員免許状を所持していたので、養護学校（特別支援学校）の所属学部は中学部と高等部で、小学部はなかった。特別支援学校の学部所属は、小学校、中学校、高等学校の教員免許状の所持に左右される。原則として、小学校の教員免許状を所持している人は小学部に配属されるので、中学部や高等部に配属されることはない。中学校と高等学校の教員免許状を所持している人は、中学部か高等部に配属されるので、小学部に配属されることはない。中学校と高等学校の教員免許状を所持している人が小学部に配属を希望する場合は、放送大学、通信教育、科目等履修生などで小学校教員免許状取得に必要な単位を修得すればよい。同様に、小学校の教員免許状を所持している人が中学部や高等部に配属を希望する場合は、放送大学、通信教育、科目等履修生などで中学校や高等学校教員免許状取得に必要な単位を修得すればよい。

4　教員免許状は、どの大学で取得できるか

　教員免許状は、ほとんどの大学で取得できる。取得が目的なら、どの大学でもよい。しかし、教員免許状を取得するための科目で何を学ぶかが教員に就いてからのベースになることを考えると、教員免許状を取得するために必要な科目で何を学ぶかが重要である。

　美術大学や音楽大学などの領域が特化した大学は、領域に関する「美術、美術・工芸、音楽」などの教員免許状しか取得できない場合が多い。

教育学部、文化教育学部、教育人間学部、教育文化科学部、教育地域学部、教育福祉学部、人間発達学部、教育地域文化学部などの教育系大学は、国立（独立行政法人）で56大学、私立で74大学ある。これらの大学は、多くの種類の教員免許状を取得できる。多くの種類の教員免許状を取得できるといっても、時間割の関係上、取得できるのは2〜3くらいである。教育系大学でなくても、複数の教員免許状を取得できる大学は数えきれない。

　また、2つ以上の大学が協力して教育研究を行う研究科を置く連合大学院がある。国立（独立行政法人）は、10大学の11研究科に26大学が参加している。私立は、1大学の3研究科に3大学が参加している。国立（独立行政法人）と私立を合わせると、11の連合大学院に14の研究科がある。内訳は、農学（6）、獣医学研究科（2）、学校教育研究科（2）、法務研究科（1）、理工学研究科（1）、地域環境科学研究科（1）、生物化学研究科（1）である。学校教育研究科は、兵庫教育大学を基幹大学として上越教育大学、岡山大学、鳴門教育大学が参加するものと、東京学芸大学を基幹大学として埼玉大学、千葉大学、横浜国立大学が参加するものとの2つがある。

　そもそも教育研究は大学の垣根を越えるとともに、学際的・国際的に行われなければならないのに、全国に14の研究科、7つの領域しかないのは信じられない。教職大学院は国立（独立行政法人）と私立を合わせて50余大学もあるのに、そのうちの8大学しか教育研究に協力していない。

　教育は総合的な営みなので、あらゆる分野が関係する。他の分野と連携・協力する学際的な研究は不可欠である。また、教育研究はグローバルな視点が求められるので、国際的であることは当然である。1つの大学内で完結できるものでもない。このような連合大学院の現状が、課題の多い我が国の教育・教育研究の現状を反映している。

5　大学教員のレベルや講義の質を見極める

　大学教員は研究業績が公表されているので、調べることができる。大学教員にもなると、本の1〜2冊は出版しているイメージがあるかもしれない。現実は、1冊も出版していない大学教員が多い。副学長や学部長クラスでも、本を1冊も出版していない教授は珍しくない。著書・論文が多ければ立派であるとは断言できないが、少ない人よりも多い人の方が知見に優れている傾向があるのは事実である。大学教員の質は、さまざまである。

　ちなみに、筆者が親しくしている2人の大学教員をAmazonで調べると、本の表紙に名前がある単著・共著・編著・訳著は、2人とも30冊を超えている。論文も多い。論文はPDFで公表されているものもあるが、ネットで入手できないものもある。ネットで入手できないものは、図書館に取り寄せてもらったり、著者に直接依頼してもよい。気になる大学教員の著書・論文は一読すべきである。読んでも、内容をよく理解できなくてかまわない。心に響いたかを判断基準にすればよい。

　また、大学は講義内容をシラバスとしてネットで公表しているので、講義内容を確認することができる。中学校などの教科書は出版社によって大きな差はないが、大学のシラバスが大きく異なることに驚かされる。学問の自由は尊重されなければならないが、あまりの違いに愕然とする。授業科目に関する国内外の先行研究や、同一科目に関する他大学のシラバスも精査しながら、自他とも納得できるシラバスでなければならない。シラバスの内容が大きく異なるということは、講義の質に大きな差があるということである。よって、シラバスを比較して、自分がどこの大学の講義を受けたいかを見極める努力をしなければならない。大学の教育や講義の質を見極めることなく、国立（独立行政法人）であるとか、有名な大学であるとかで受験すべきではない。

　近年、オープンキャンパスを開催する大学が多い。人口減少などによって定員割れの大学が増えているので、学生の確保に必死である。オープン

キャンパスでは、大学の施設、設備、雰囲気、大学の特徴をある程度知ることができるので、それなりに参加する意味はある。しかし、オープンキャンパスが大学の広報の一環であることを忘れてはならない。大学が設定したとおりのスケジュールや内容に留まるのはもったいない。せっかく大学に足を運ぶのだから、図書館にどれだけの学生がいるか、講義の様子はどうなのかなどを探るべきである。学生が講義にどれだけ集中しているか、教室の前の席に空席があるかなどを確認するチャンスでもある。オープンキャンパスの模擬授業は、選抜された教員が代表して行う。全ての教員の実態を反映しないので、差し引いて考えなければならない。通りがかりの在学生に、「もう一度大学に入るとしたら、この大学を選びますか？」と尋ねるのもよい。

6　大学の情報を集める

　大学は名前や偏差値などで選ぶべきではない。自分が学びたい教員がどれだけいる大学か、大学の環境や雰囲気はどうなのかをきちんと調べたうえで、後悔のない選択をしなければならない。そのためには、高校生のときは教科書に関連する勉強だけでなく、自分が希望する進路に関わる本なども読まなければならない。

　教員を希望する場合は、教育関連の学会に加入することを勧めたい。昔は、会員の紹介がなければ会員になれない学会もあったが、今は審査は一応あるが会員の紹介を義務付けている学会はあまりない。そのこともあって、学生の学会員は増加傾向にある。

　学生は、学会費や大会参加費が安い。学会に入ると、一般では入手できない学会誌を入手することができる。学会誌や大会によって、その学会の最新の研究動向を知ることができる。気になる学会論文や口頭発表などがあったら、発表者とコンタクトを取りたい。コンタクトを取ることによって、発表に関わる新たな情報を入手することができたり、発表者を通して人脈の広がりも期待できる。

　高校生は少しでもよい成績をとって、偏差値の高い大学に進学することが目的ではないはずである。成績はよいにこしたことはないが、高校時代は将来の進路に直結する大学などを選択する大事な時期である。

　教員になる場合は、大学で教員免許状取得に必要な単位を修得して、教員採用試験に合格すればよい。教員免許状は教職課程を開設していれば、どの大学でも取得できる。しかし、大学の環境や講義を担当する大学教員の力量によって、教員免許状取得に必要な授業科目の学びの質に大きな差異をもたらすのは紛れもない事実である。それだけ、どの大学で教員免許状を取得するか、教員免許状取得に必要な授業科目をどの大学教員に学ぶかが重要である。

　在籍する大学に関係なく教員免許状取得に必要な授業科目を履修できればよいが、現状は単位互換性はあっても、基本的には在籍する大学で教員免許状取得に必要な授業科目を履修しなければならない。

　いずれにしても、結果的に教員免許状を取得しても、それぞれの授業科目で何を学ぶかが極めて重要になる。なぜなら、大学での学びが教員になってからのベースになるからである。そこで、大学で教員免許状を取得する場合は、受験を考えている全ての大学の学部・学科教員の研究業績を詳しく調べて比較してから、第一志望、第二志望を決めるべきである。附属学校園を擁する大学・学部なら、志望を考えている校園種（幼稚園、小学校、中学校、高等学校）の公開研究発表会に参加することを勧めたい。

7　教員養成には課題がある

（1）教育方法学に疎い大学教員が多い[1]

　教員を養成する大学教員は、教員として必要な資質を有する学生を育成しなければならない。教員の資質の核になるのは、教育方法学（教授学）である。そのため、教員を養成する大学教員自身が教育方法学のスペシャリストでなければ、学生に教育方法学を修得させることはできない。教員を養成する大学教員にとって、教育方法学のあくなき探究が不可欠であ

る。

　しかし、現状は一部の優れた教員を除くと、研究そのものに疑問符が付く大学教員が少なくない。著書や論文があっても、教育方法学に直接無関係ないものが多い。文部科学省が、シラバスに記載された授業内容の1つ1つに対応した研究業績を求めているのは当然である。

　大学が教員を養成するということは、学校教育を通して「優れた人格を持つ人間を育成する」ことに確実に寄与できる教員を養成することである。学校で学ぶ全ての児童・生徒の生命が輝くかどうかは、学校で授業を実際に担当する教員がその鍵を握っている。その教員を養成するのが大学である。大学の講義の質が、学校で学ぶ全ての児童・生徒に直結する。つまり、学校の授業で児童・生徒の生命が輝くかどうかは、教員を養成する大学の講義で学生が修得する知見の質に大きく影響される。

　また、教育方法学と授業研究は両輪である。大学が、FD活動の一環として実施している授業参観・授業研究は形骸化している。学校現場の授業研究（会）は課題が多いが、それでも大学の授業研究よりもしっかりしている。本来は、大学の講義を対象に授業（講義）研究を深め、授業研究のあるべき姿を模索しなければならない。そして、その模索をベースに学校現場の授業研究の在り方を学生に学修させなければならない。同時に、学校現場に授業研究のモデルを提供し、学校現場の教育の質の向上に寄与しなければならない。これが、教員を養成する大学教員の責任である。

　学校に着任後も授業力は磨き続けなければならないが、4年間もの長きにわたって身に付ける教育方法学の知見が土台になる。学生が修得する教育方法学の知見は、教員免許状取得に関わる大学の講義を担当する大学教員の教育方法学の知見に大きく左右される。教員養成系大学の教員は、このことを自覚しても自覚しすぎることはない。

（2）　研究業績に乏しい実務家教員もいる[2]

　実務家教員は教職大学院では専任教員の4割以上、大学で2〜3割程度、専門職大学院で5割程度である。このように、実務家教員は増加傾向にあ

る。

　実務家教員は、職歴は立派でも研究業績の少ない人が多い。職歴は「附属学校 → 指導主事 → 校長」などが多く、地域のリーダーと目される教員が多い。しかし、例外もあるが、研究業績は附属学校勤務時に公務として関わった公開研究発表会の『研究紀要』程度の人が少なくない。学校現場は多忙なので、著書・論文を書く時間がないとかばう大学教員もいる。だが、著書・論文をたくさん書いている学校教員もいるので、その指摘は当たらない。

　「附属学校 → 指導主事 → 校長」と言えば、地域における教員のエリートに違いない。そのエリートですら研究業績が少ないのは、学校現場の研究が低調な証である。研究業績に乏しい実務家教員による講義は、質の高い講義が提供されないリスクを抱えている。また、その地域の教育が普遍的かつ先進的とは言えない。実務家教員は、学生に地域の教育をモデルとして教えてはならない。地域の教育の長所と課題を伝えながら、教育の在り方を学生に考えさせなければならない。そのため、実務家教員には全国的かつ国際的な視点が求められる。

　同時に、大学教員自身による積極的な研究をベースに、学校現場を巻き込んで、学校現場の研究活動を活発にしていかなければならない。国外の学会に加入したり、研究を国外で発表することも必要である。教員を養成する大学教員の研究は、現場である学校を抜きには成立しない。大学と学校現場が相乗効果を上げていくために、大学教員が研究を積極的にリードしなければならない。

　研究成果をあげている学校は、大学教員との共同研究が確実に実を結んでいる。同時に、大学教員および学校教員個々の研究も深まっている。確固たる研究業績の裏付けが、講義での説得力につながり、講義の質を高める。ここでの学びが、学生が教員になったときに役立つのは言うまでもない。

（3）　現状の授業科目では深く学べない [3]

　大学などの教員養成機関には、普通免許状に必要な単位を修得するために教職課程が設置されている。そして、取得できる免許の種類に対応した科目が開講されている。

　普通免許状の小学校教諭一種免許状を取得するためには、「教職に関する科目」を 41 単位、「教科に関する科目」を 8 単位、「教科又は教職に関する科目」を 10 単位、「教育職員免許法施行規則第 66 条の 6 に定める科目」を 8 単位修得しなければならない。このように、教職課程で 37 科目程度、67 単位程度修得しなければならない。さらに、大学卒業要件を満たすために、教職課程以外の単位も修得しなければならない。

　「教職に関する科目」は、「教職の意義等に関する科目」「教育の基礎理論に関する科目（教育原理、発達心理学など）」「教育課程及び指導法に関する科目（主は各教科の教育法）」「生徒指導、教育相談及び進路指導に関する科目（生徒指導、教育相談など）」「教育実習」「教職実践演習」の 6 区分。「教科に関する科目」は、国語（書写を含む）、算数、生活、音楽、図画工作、体育、社会、理科、家庭の 9 科目。「教科又は教職に関する科目」の開講科目は、大学によって多様である。「教育職員免許法施行規則第 66 条の 6 に定める科目」は、日本国憲法、体育、外国語コミュニケーション、情報機器の操作からなる。

　このように、さまざまな科目をひととおり学ぶことになる。しかし、90 分 15 コマの大学の講義は概論にならざるをえない。「教科に関する科目」の国語（書写を含む）を見ても、小学校 1 年から 6 年までの内容を、教職に就いて直ちに授業を担当できるレベルにまで学ぶことは不可能である。「教職に関する科目」の「教育課程及び指導法に関する科目」に国語科教育法があるが、国語（書写を含む）と同様に、小学校 1 年から 6 年までをたった 90 分 15 コマで学ぶことはできない。

　そこで、授業で重要な鍵を握る、教員の姿勢論、教材論・題材論、支援方法論、学習指導案論、授業研究（会）論、授業記録論、集団学習論、学習評価論なども、科目化して学ばなければならない。そうでなければ、総

論・概論を超えて、教育方法学を具体的に学ぶことはできない。普通免許状に必要な科目の見直しが求められる。

第2章

教員や附属学校に、どのようなイメージを持っていたか

　教員に対するイメージは、自分が接した教員からもたらさせる。自分が接した教員の思想信条や研究業績を考えることはなく、直感的に判断する。

　学校には、独立行政法人（国立）、公立（県市町村立）及び私立がある。私立は、特色のある学校が多い。

　教員の使命である研究を考える場合、大学の附属学校は欠かせない。附属学校に15年間勤務した筆者の経験から、附属学校の実態と課題を考える。

　附属学校の使命は、第7章（177 – 179頁）でも述べる。

1　教員に対するイメージ

　教員に対するイメージは、自分が学んだ幼稚園、小学校、中学校、高等学校の教員が基になっている。保育園や幼稚園の頃は、先生が一番である。自分の担任がどのような先生か、隣のクラスの先生と比べてどうなのかなどを考えることはない。日々、仲間や先生と夢中になって過ごす、喜怒哀楽に満ちた世界である。

　小学校の頃も客観的に捉える能力がないので、担任などの身近な教員がどのような教員かを考えることはない。中学校以降になると論理的に考えることができるようになるので、どのような教員かを少し考えるようになる。しかし、教員の思想信条や研究業績までは知る由もないので、誠実な先生、怖い先生、うるさい先生、親身な先生、適当な先生、物静かな先生、相談しやすい先生、相談しにくい先生などと直感的に判断する。直感的な判断は、意外と当たっている。先生の言動や教え方などから、先生を直感的に評価する。

　教員もさまざまである。教えるポイントが赤字で書かれている指導書どおりに授業する教員もいた。指導書のとおりに授業すれば、事前に教材研究しなくても授業することができる。自作教材を用いる教員は、極めて少なかった。授業と関係ない話を、長々とする教員もいた。授業に対する情熱が伝わってくる教員もいれば、そうでない教員もいた。

　筆者の親戚には、教員が何人もいた。何度か、冠婚葬祭でいっしょになった。教育の話をしたことはないが、ごく普通の人だった。どのような研究業績があるかは知らなかったが、著書が1冊もなかったのは確かである。子どもながらに、学校の教員は長年勤めていると実践を1冊にまとめられるはずなのに、なぜ1冊もないのだろうと疑問に感じていた。大学を卒業してから60歳定年まで38年間勤めると、実践を1冊にまとめられるはずであるとの思いがこのときに生まれた。この思いを筆者が57歳の頃に思い出し、定年前の58歳のときに『発達に遅れのある子どもの心おど

る土粘土の授業 ─ 徹底的な授業分析を通して ─（黎明書房）』をなんとか出版することができた。

　大学教員などの研究者は、学校の教員と共同研究をすることができても、学校の授業はできない。保育園、幼稚園、小学校、中学校、高等学校の教員の最大の強みは、研究者ができない学校園の授業ができることにある。実践を著書や論文などで発表できるのは、現場の教員ならではである。実践を発表するのは、自慢するためではない。実践を自ら振り返ったり、他者の評価などを参考にしたりして、実践の長所や課題を明らかにして授業力向上に役立てるためである。同時に、発表に触れた人は参考にすることができる。発表は義務ではないので、実践をまとめて発表し続けることは、怠け癖を断ち切ることにもつながる。

2　附属学校に対するイメージ

　中学校に勤務していたときは、附属学校は身近ではなかった。中学校の後で養護学校に勤務したときは、教育委員会主催の研修会に附属養護学校の教員も出席していたので、附属学校に少し関心を持つようになった。県立の養護学校は公開研究発表会を開催していなかったが、附属養護学校は隔年で公開研究発表会を開催していたので、研究しているというイメージがあった。

　県立の養護学校に採用されてから6年目、教員になってから10年目に附属養護学校に採用され、30歳から45歳までの15年間勤務した。

　県立養護学校教員の附属養護学校に対するイメージは、「給料が安くて、忙しい」だった。そのため、附属養護学校に転勤を希望する県立養護学校教員は極めて少なかった。確かに、県立よりも国立の教員は給料が安かった。月額が安いことは、ボーナスも退職金も年金も安くなる。

　県立養護学校に勤めていたときは、事務長から勤務時刻終了と同時に全教員が退校させられた。それに対して、附属養護学校の教員は遅くまで仕事をしていた。

　県立養護学校で勤務時刻終了と同時に全教員が退校させられたのは、教員に残業されると電気料や暖房の燃料費がかさむからである。照明器具が多く設置されている体育館を夜間に使われると、電気料が一気に上がる。それだけ、学校の予算は少ない。

　附属養護学校に勤めていたときも、係長が階段の蛍光管を半分撤去したり、暖房用のボイラーの運転を早い時刻に止めたりしていた。教室で仕事をする教員も多かったので、もう少し遅くまでボイラーを動かしてもらえないかと要望したら、動かすと教材が買えなくなるがそれでもよいかと言われた。附属養護学校には校費がまとめてくるので、その中で、電気代や燃料代、教材などを賄わなければならない。そのため、ボイラーは燃料代が高いので、移動用の石油ストーブを使うほうが安価で済むと言われた。いずれにしても、学校の予算はあまりにも少な過ぎる。

　附属養護学校では、保育園に通う子どもがいる教員は迎えのために勤務終了時刻が過ぎると退校しなければならないが、多くの教員が遅くまで仕事をしていた。公開研究発表会では、学習指導案を書いて授業を公開しなければならない。研究の成果と課題を、研究紀要にまとめなければならない。また、1年に3回ある教育実習も引き受けなければならない。県立養護学校はこれらがないので、県立養護学校に比べて附属養護学校が忙しいのは当然である。

　中学校に勤務していたときは、勤務終了時刻の午後5時まで毎日のように会議があった。その後に部活動をみて、残務整理や翌日の授業の準備などをすると、あっというまに午後7時半頃になった。帰宅は、午後8時頃が多かった。朝は新聞を読む時間がないので、帰宅と同時に新聞を見た。座って見ると疲れるので、途中からはネクタイを締めたまま横になって見た。そうすると、知らない間に眠っていることが多かった。眠りから醒めると、慌てて布団を敷いて寝る生活だった。

　中学校に勤務していたときは忙しいと思ったが、附属学校はもっと忙しかった。少しでも高い給料をもらって、忙しくない、楽な職場を希望するなら、附属学校は適していない。教員にとって大事なことは、給料の高い

低いよりも、児童・生徒の学びをいかに創るかである。学びを創るためには、徹底的に教材研究をしなければならない。授業研究には、理論的な研究も欠かせない。これは、附属学校の教員であるか否かは関係ない。全ての教員に求められる。

　附属学校に勤務してみると、研究するためには附属学校という環境が適していることを実感した。むろん、環境をどれだけ生かすことができるかは個々の教員にかかっている。

　附属学校教員は大学教員と連携がとりやすい、大学の附属図書館を通して文献を入手しやすい、大学生協で本を購入すると1割引になるなどの利点がある。大学教員と連携は直結している教育学部はもちろん、医学部などの教員とも連携することができた。また、附属図書館を通して文献のコピーを大量に入手することができた。大学教員は個人研究費があるので、個人研究費をコピー代に充てることができる。しかし、附属学校教員は個人研究費がないので、私費を充てるしかなかった。いつも金額が大きく、附属図書館の職員が心配するほどだった。

第 3 章

どの大学に受験するかを悩む

　進路に悩むのは当然である。ここでは、筆者がどのように受験する大学を決めたかを紹介する。

　受験の決め手は、講義を受けたい教員がどれだけその大学にいるかだった。

1　高校生が、どの大学に受験するかを悩むのは当然である

　家業を継いだり、就きたい職業がはっきりしている人は、それにふさわしい大学や専門学校などに進んだり、弟子入りなどをすればよい。しかし、将来就きたい職業が明確になっている高校生はあまり多くないと思われる。どこに就職したいか、どの大学に進学したいかに悩む高校生は多いと思われる。

　小学校 6 年生のときに学校で鼓笛隊を創設することになり、担任から大太鼓をやるように言われた。小学生の筆者は、担任から言われたことには従わなければならないと思っていたので受け入れた。そして、まもなく東京の大学の先生の指導を体育館で受けることになった。学校の先生も、たくさん見学していた。

　大学の先生の指導であること、多くの先生が見ていることなどから、緊張を超えて必死だった。太鼓のリズムがだんだん速くなっていると指摘されたことを、今でも鮮明に覚えている。大人になると、緊張してリズムが速くなることはよく理解できる。

　小学校のときは、授業を受けて理解することが全てだった。部活動もなかったので、授業以外に特に取り組んだものはなかった。放課後や休日は、家の手伝いや魚取りなどで過ごした。絵を描くのは、嫌いではなかった。音楽（楽器）との出会いは、鼓笛隊が初めてであった。

　中学校に入学したら、体育館に残るように言われた。残る理由が告げられなかったので、なんだろうと思いながら残った。20 名くらい集まっていた。待っていたら先生が来て、吹奏楽部（ブラスバンド）への入部を誘われた。後で分かったことは、成績がよくないと楽譜が読めないので、小学校で成績がよい人に残ってもらったとのことであった。他の中学校でもやっていることが、大人になってから分かった。吹奏楽部では、コルネット、ピッコロ、トロンボーンなど、いろいろな楽器をやった。いろいろな場所で演奏もした。

　高校は、芸術を音楽、美術、書道の中から選択しなければならなかった。中学校で吹奏楽をやっていたので、あまり考えずに音楽を選んだ。高校生活が勉強だけではつまらないので、部活動もしたいと思った。中学校では吹奏楽部だったので、高校でも吹奏楽部に入ろうと思った。3年生に中学校の吹奏楽部の先輩がいたので、入部の相談をした。そうしたら、吹奏楽部に入部しても途中で活動に参加できなくなるので、入部は勧められないと言われた。進学校なので、入部しても途中から大学受験のために勉強を優先しなければならないということだった。このこともあって、吹奏楽部に入部することは簡単に諦めた。

　何かの部には入部したいと考えていたので、いろいろ見学した。卓球は好きだったが、体育は基本的に嫌いだった。体育系の部活動は考えなかった。文化系では、美術、写真などに興味があった。

　美術部の部室は油絵を描く部屋と、石膏デッサンをする部屋の2つあった。広い石膏デッサン室に入ったら、壁に貼ってあった石膏デッサンに目を奪われた。その美しさに、感動し、「これだ！」と思った。美術部に入りたいと思った瞬間である。作者は、卒業生だった。薄暗い部屋に、イーゼルに掛けられた描きかけのデッサンがいくつもあった。石膏像もたくさんあり、独特の雰囲気があった。

　美術系大学の入学試験の実技に石膏デッサンがあるので、石膏デッサン室があって、部員が熱心に石膏デッサンをしていることを知った。美術部に入部してみると、昼休みと放課後に石膏デッサンをしている部員が何人もいた。クラスの大半の生徒は早弁（昼休み前の授業と授業の間の短い時間に昼食をとること）だったので、昼休みは時間いっぱい石膏デッサンをすることができた。筆者は放課後も石膏デッサンをしていたので、クラスにいたのは授業の時だけだった。夏休みや冬休みも、石膏デッサンに励む部員がいた。石膏デッサン室に薪ストーブがあったので、寒い冬休みは薪小屋から勝手に薪を運んで暖をとった。美術系大学に進学する部員が、毎年数名いた。部員の多くは、公募展に油絵も出品していた。石膏デッサンだけしていたわけではない。

　美術部員は地元の国立大学教育学部の美術コースに進む人もいたが、県外の美術系大学に進む人が多かった。筆者が美術系の大学に進んだのは、先輩部員から影響を受けたのは間違いない。

　小学校と中学校で音楽（鼓笛隊、吹奏楽）に関わり、高校の芸術で音楽を選択したのは、小学校と中学校の先生の影響である。美術系の大学に進んだのは、美術部員の影響である。家業を継ぐのも、家業の影響がある。パティシエやサッカー選手などを目指すのも、100パーセント自分の判断でなく、誰かの影響があるはずである。

　このように、進路選択には周囲の影響がある。教員は児童・生徒、学生の進路、つまり他人の人生に大きな影響を与える職業であることは間違いない。他人の人生に影響を与えるのは大変なことである。責任も伴うが、やりがいのある職業である。

2　美術系大学の選択に悩む

　美術系大学は、教員養成系大学（教育大学・教育学部）の美術コース、国公私立芸術系大学の美術学部、国公私立の美術大学などがある。所在地は地元もあるが、県外が多い。

　筆者の家庭は裕福でなかったので、経費のことから、近くの国立大学教育学部美術教育専攻を第一候補に、隣県の国立大学教育学部特設美術科を第二候補に考えて願書を準備した。しかし、願書の提出が近づくと、国公私立の美術大学の資料も取り寄せて検討していたこともあって、それでよいのかとの思いが強まった。

　第一候補、第二候補、国公私立の美術大学合わせて8つくらいの大学を詳細に分析した。高校は進学校だったが、美術系の雑誌や専門書をそれなりに読んでいた。とはいえ、高校生の頃の筆者の知識はしれたものである。その中で、自分が講義を受けたい教員をチェックしたら、多かったのは東京にある2つの私立美術大学だった。そこで、授業料の安い国公立の美術大学や国立大学教育学部美術専攻は受験しない意思が強まった。

　国立大学は総合大学なので、一見大きく見える。しかし、総合大学である国立大学教育学部美術専攻よりも、単科大学の美術大学のほうが教員陣や施設設備などの環境が充実しているのは当然である。

　家庭の収入を考えると、親に東京の私立美術大学を受験させてほしいと相談するのはとても悩んだ。知人や他校の先生などに相談した。相談というよりも、相談して自分の気持ちを確かめたかったのだと思う。相談相手も、東京の私立美術大学受験をすべきだとか、やめたほうがよいと断言しなかったと思う。

　人間は不安になると、誰かに相談したくなるのは当然である。相談された人は事情をよく知らないので、重要なことを安易に「こうすればよい」とは言えない。カウンセリングの基本であるが、相談された人は聞き役に心がけなければならない。相談者が自分の気持ちを話すうちに、相談者自身の中に方向性が浮かび上がるものである。教員は、児童・生徒、学生から相談されたときは、指図や指示を避けなければならない。

　東京の私立美術大学を受験したい気持ちに変化はなかったので、父に思い切って話した。そうしたら、私の覚悟が伝わったのか、毎月の仕送りが〇万円でよければ受験してもよいと言われた。東京の二つの私立美術大学を受験したら、1つは不合格、もう1つは合格だった。合格した美術大学に進学した。仕送りだけでは本や画材を買うのに不足だったので、そのためにいろいろなアルバイトをした。アルバイトで学んだことも多かった。

　大学の名前で、がんばれば合格するかもしれない大学と、必ず合格できそうな大学を受験する人が多いと思われる。自分が講義を受けたい教員がどれだけいるかで大学を選ぶ人は、極めて少ないと思われる。

　大学受験のためには受験科目を必死に勉強するしかないので、入試に関係ない本を読む余裕はないと思われる。高校生は、志望の大学に合格するために受験科目の勉強を必死にする。しかし、長い人生を考えると、受験科目の勉強に偏重するのはよくない。かけがえのない人生にするためには、さまざまな分野の本を読んだり、自然に触れたり、体験を広げることも受験勉強と同じくらい重要である。

第 4 章

大学教員には、違いがある

　大学に入学してみると、大学教員もさまざまであることに気づく。基本的には講義を支える大学教員個々の知見（研究業績）に差があるので、講義内容にはおのずと差が生じる。また、大学による差があることも否定できない。

1 大学教員の違いに驚く

　自分が授業を受けたい教員が多くいる大学に入学することはできたが、大学教員の違いを実感する。国立大学教育学部の美術コースの教員は、数名である。近隣の教育学部を見ても、絵画、彫塑、デザインの実技担当が各1名の計3名、美術科教育（教育方法学）担当が1名、計4名だった。この4名は、地元の教育関係者は知っていても、地元の高校生はあまり知らなかったと思われる。全国の美術関係者にも広く知られているとは言いがたい。しかも、絵画、彫塑、デザイン、美術科教育の担当がそれぞれ1人しかいないので、互いに切磋琢磨する環境にはなりにくい。王様になりやすい。

　一方、入学した美術大学は、実技系のジャンルが細分化されていた。そのジャンルに対応した複数の教員がいるので、教員数は国立大学教育学部の美術コースの比ではなかった。しかも、国内外に知られている著名な教員が多くいた。しかも、どの分野も複数の教員がいたので、互いに刺激し合う環境があった。

　また、学科系は専任か非常勤かを問わず、著書や論文の多い教員が少なくなかった。その分野で著名な教員が多かった。学長は、文化人類学の第一人者だった。学長は4年生の授業を担当していたが、1年生のときに潜り込んで受講した。当時注目されていた構造主義とも関連し、学問の深さと魅力に目を開かされた。

　国立大学教育学部の美術コースに入学していないので、軽々に論じることはできないが、私立美術大学の教員のほうが資質に優れていると感じたのは紛れもない事実である。

　大学は大学全体の環境や個々の教員の資質に負うので、国公立がよいとか、私立がよいとかと短絡的に言っているのではない。しかし、イギリスの高等教育誌が毎年世界の大学のランク付けをしているように、大学に格差があるのは当然である。

2　印象に残った大学の講義

　国立大学教育学部の附属学校に15年間勤めた。附属学校なので、学校と教育学部教員とは交流があった。教育学部教員と積極的に関わる努力をしていたので、教育学部および教育学部所属教員の状況はそれなりに理解することができた。

　筆者が学んだ私立の美術大学は、学生数が少ない小規模の大学だった。70年安保でいくつもの大学がロックアウトされ、平常に授業が行われない期間が長かった大学生活を送った世代である。その中で、今でも印象に残っている講義や教員を紹介したい。

　図画工作教育法で著名な教員の教材研究が、今でも印象に残っている。その他の教職科目はあまり印象に残っていない。印象に残っているのは、教職科目以外が多い。結果的に教職科目以外が多かったのは、その教員の講義に対する熱い姿勢、ものごとの本質に迫る探究心が、筆者の心に響いてきたからである。「授業に対する熱い姿勢」と「ものごとの本質に迫る探究心」は、教員に最も求められることなので納得できる。

　学芸員の世界では、知らない人がいない教授がいた。国際交流基金や科研費を活用して、大英博物館などの海外によく研究に出かけていた。当然、著書や論文も多い。芸術を社会の視点から捉えて、芸術の本質に迫っていた。本人は語らなかったが、エーゲ海をヨットで初めて一周した日本人らしい。航海記も出版していることを知る。研究で忙しいはずなのに、研究業績に優れる人は趣味も半端でない人が多い。時間の使い方がうまいのである。その教授は、著名な美術館や学芸員を紹介してくれた。

　紹介してもらった美術館で、アルバイトをしたことがある。美術展の企画力に圧倒された。展覧会のテーマを決めてから、展示候補作品を決める。そして、その作品が世界のどこにあるかを調べて、所有者と借用の交渉をする。学芸員に最も必要な能力は、後から付いた汚れや傷でも、最初からあったと言い含めることができる能力であると言われた。外国語の能

力は必須である。

　現代美術、中でもアメリカの現代美術評論で著名な教授がいた。アメリカの現代美術に精通しているのは当然であるが、古典美術にも同じくらい詳しいことに驚愕した。おそらく、あらゆるジャンルのスペシャリストに違いない。社会は、一部のジャンルのスペシャリストであるとのレッテルと貼っているに過ぎないと思った。あらゆるジャンルに精通しているから、アメリカの現代美術の立ち位置や本質を論じることができるのである。狭い分野の専門家ではない。きっと、幅広い分野かつどの分野でもスペシャリストなのである。さらに、現代アメリカ美術の第一人者なので英語に精通しているのは驚かないが、ある日フランス語を流暢に話されたのには驚いた。英語は、米軍基地に日本の土産を売りに行って身に付けたと話していた。随分、儲けたとも。いずれにしても、英語や仏語を話すために相当な努力をされたのであろう。美術評論では他に著名な2人の教授がいた。3人の教授の議論や著作に、本質に迫る迫力がみなぎっていた。

　美術解剖の授業も、印象に残った。後に、美術解剖を担当した教員はアリストテレス研究の第一人者であり、ラテン語で書かれ、17世紀に出版されたヴェサリウスの解剖書『ファブリカ（全7巻）』の訳者（訳書は1巻・2巻）であることを知る。筆者が教員になってからはもちろん、教員退職後も何度も引用させてもらっているのは奇遇である。それだけ、大きな影響を受けたことになる。

　油絵、日本画、版画、彫刻、陶芸、デザインなどの実技系の教員陣は、どの分野にも著名な作家が大勢いた。学生の個性を認めて、引き出し、高めようとする姿勢が強く伝わってきた。美術大学は作品の傾向が何となくあるものだが、筆者が学んだ大学は学生の多様な個性を尊重していたため、具象から抽象まで幅広い表現があった。

　以上から、紹介した講義は実技系の大学ではあるが、教員の「探究心の強さ」「物事の本質に迫る迫力」「個の尊重」は、まさに学校の教員が重視すべきことであることに改めて気づかされる。

3　身近な私立大学の教員

　国立大学に進学した学生と、大学について話す機会があった。その中で、印象に残っていることが2つある。

　1つは、ゼミの活動しているときに来た他大学の学生が、私たち学生と教授が友達みたいな関係であることに驚いたという。その学生が学ぶ国立大学では、教授が学生の上にいる感じだという。また、私立美術大学から国立芸術系大学の大学院に進んだ知人は、研究のことを教授に相談しても、文庫本程度しか紹介してくれないと嘆いていた。修士論文を執筆するためには、テーマに関係する国内外の文献を精査しなければならない。指導教官は、修士論文を執筆する学生の立場に立って、学生とともに質の高い修士論文に仕上げなければならない。指導教官が知りうる全ての参考にすべき文献を、学生に紹介するのは義務である。指導教官も学生の修士論文執筆を通して学ぶことができるのに、学生が読むべき全ての文献を紹介するのがめんどうなのだろうか。それとも、文庫本程度でよいと、学生を見下しているのだろうか。

　教員もさまざまである。業績や人格に優れた教員もいれば、そうでない教員もいる。結局は、教員個人の人格に帰す問題である。しかし、紹介した2つの例からは、国立と私立の違いがあることは否定できない。立場が人をつくることは、否定できない。象牙の塔にいると、知らず知らずのうちにエリート意識が育ち、自分は偉いとか、ヒエラルキー（階層）の上にいる上流階級であると勘違いしてもおかしくない。

　筆者は学校教員の退職年に、私立と国立（独立行政法人）の大学教員採用に関わる面接を受けた。私立の面接は人数も少なく和やかな雰囲気であったが、国立（独立行政法人）は多くの人に囲まれ、質問の内容や質問の仕方とも相まって圧迫感があった。

第 5 章

教員時代のエピソードに学ぶ
― 4 年間の中学校勤務から ―

　筆者は、1 つの中学校と 3 つの養護学校（特別支援学校）に計 38 年間勤めた。退職後は大学に 7 年間勤めたが、ここでは、4 年間の中学校勤務からエピソードをいくつか紹介する。

　教員を目指すうえでの動機付け、教員になってからのヒントになればありがたい。

1　最初の1年間は、辞表を毎日持って出勤した

> 　教員1年目の姿勢が、後々まで影響する。1年目から、自分らしさを失わずに、自分さしさを発揮していかなければならない。自分の意に反することに安易に従うと、自分の人生をその人に委ねることになる。
> 　学校には何人もの教員がいるが、率直に意見交換し、自分の気持ちや考えに正直に生きたい。それが、教員として、自分ならではのかけがえのない人生を送るために欠かせない。

　教員が第一志望なら、教員養成系の大学に進学したと思う。教員ではなく表現者を目指して、美術大学に入学した。しかし、卒業時は作品で生活することが困難だったので、生活のために教員になった。いわゆる、「でもしか」先生である。「でもしか」とは、先生に「でも」なるか、先生に「しか」なれないという、教員という職業に対して後ろ向きな考えである。教員になるために必死になって勉強している人からしても、実際に授業を受ける児童・生徒からしても、大変失礼なことである。教員になった動機としては、申し訳なく思っている。

　教員になる前は、教員を体験していないので詳細は分からない。しかし、マスコミで話題になることなどを通して、感覚的に教育や教員に疑問を感じたことが少なくなかった。そこで、教員になったら、1年目の姿勢がその後の教員生活に決定的な影響を与えると考えた。疑問があっても確かめない教員にもなれば、管理職の言いなりになる教員にもなれば、生徒の都合よりも教員の都合を優先する教員にもなれば、その逆の教員にもなると考えた。

　教員になった当初は、分からないことが多い。状況を知らないので、軽々に発言することはできない。しかし、そのような中でも、率直に質問したり、意見を言わなければならないと思っていた。どうしても納得できない場合は、教員という職業に固執することはないと考え、1年間は背広

の内ポケットに辞表を忍ばせていた。

2　条件付き採用の意味を考える

> 　1年間の条件付き採用は、「おとなしくしていなければ本採用にならない」と勘違いしてはならない。

　教員は採用試験に合格すると、正規採用教員として登録されて採用されるが、教育公務員特例法によって、採用から1年間は試用期間の条件付き採用になる。地方公務員は6か月になっているが、1988年の初任者研修導入に伴い、1年に延長された。

　採用にならない教員は数パーセントいるが、自ら教員に向いていないと判断したり、別の職業を選んだり、病気などの自己都合による依願退職が多い。ただし、精神疾患で正式採用にならない教員も少なくない。心の病で休職する教員が、全国の学校で約1万2千人（1.4%）いるという。中でも、若い教員が多い。

　教員に採用されると、1年目から授業をしなければならない。担任をさせられることも多い。教員1年目から対応できるように、授業の進め方、保護者や児童・生徒への対応などについて、きちんとしたアドバイスを受けられる環境になっているかが問われる。また、教員免許状を取得する過程で、大学が教員に必要な知識・技能を修得させているかも問われる。即戦力を身に付けていないのに、荒海に放り出していないだろうか。大学における教員養成課程の講義内容の見直しも急務である。

　1年間の試用期間である条件付き採用後に、懲戒免職になることはめったにない。試用期間中でも、病気や家事都合で休んだり、管理職の顔色を伺わないなどの理由で不採用になることはない。不採用にする場合は合理的な理由がなければならないので、校長などの個人的な判断で不採用になることはない。犯罪などで法を犯したり、児童・生徒、保護者、同僚など

とさまざまな問題を起こして教員にふさわしくないと判断した場合は、不採用になる可能性がある。普通はこのようなことがないので、よほどのことがなければ免職にならない。

　常識的にはよほどのことがなければ免職にならないが、条件付きで採用（試用期間）の詳しい説明がなかったので、管理職にものを言ってはいけない、なんでも管理職の指示に従わなければならない、おとなしくしていなければならない、などの誤解が生じかねない。そもそもそのような誤解をする人は、教員に向いていない。

3　職員会議の活発な議論に驚く

> 　議論が活発かどうかで、職場のよしあしは決まる。率直かつ活発な議論なくして、教育および教員の資質の向上は望めない。一人一人の教員が、全身全霊で議題に向き合っているかが問われる。

　最初の赴任校で、職員会議の活発な議論に驚いた。激論を交わすのである。その後に勤務した３つの学校は、最初の赴任校のような活発な議論はなかった。知人が勤務する学校の話を聞いても、激論を交わす学校はなかった。

　職員会議で示される議題は児童・生徒の学びに直結するので、どのような議論をして、どのような結論になったかが重要である。議題に真剣に向き合い、質問や意見があれば率直に発言・議論しなければならない。教員一人一人にはそれぞれ考えがある。全教員が、まったく同じ考えであることはありえない。だから、意見の相違を話し合わなければならない。自分と異なる意見によって、気づかされることも多い。

　質問や意見があるのに発言を控える教員は、人間関係に配慮して、議題と真剣に向き合うことを避けるのだろうか。教育は、物事に真剣に向き合うことによって、学びを創る営みである。真剣に向き合わないのは、教育

の本質に反する。議題にどのように向き合い、質問や意見をどのように表明するかは、教員の在り方に関わる重要な問題である。児童・生徒には、質問や意見があったら発言することを教えなければならないのに、当の教員がそうでないなら言行不一致である。

　議題によっては、質問や意見が出ない場合がある。重大な議題の場合は、出席している教員全員が何らかの質問や意見を持っているはずである。発言するにこしたことはないが、発言するかどうかは教員の自由である。発言しない教員も、議論を聞いて考えている。筆者は、そのような教員の心にどれだけ筆者の主張が響いたかを大切にしていた。

　最初の赴任校は大規模校だったので、教員が多かった。派閥を作ろうと思っていた教員がいたかは分からないが、何となく、管理職派、反管理職派、中間派の3つに分けることができた。長年、懸案になっている課題は仲間で事前に勉強会をしたり、修正案を準備して職員会議に臨むこともあった。

　原案をそのまま通そうする教員と、改善しようとする教員の間で激論が交わされた。中間派はどちらかを支持する意見を言うと、管理職派か反管理職派に見られるリスクがあったのか、あまり発言しない人が多かった。議論しても一致しない案件は、採決した。修正意見を支持する意見しか出なくても、採決するとなぜか修正案が否決されることもあった。管理職に忖度する教員が、少なくなかったからであろう。本音では修正案に賛成でも、採決では賛成できない心の苦しさが伝わってきた。修正案を提出したときは、修正案が通るにこしたことはないが、たとえ通らなくても1人でも多くの教員に響けばよいと考えていた。そして、その積み重ねがやがて実を結ぶことを信じていた。事実、その後に実を結ぶ出来事があった。

　激論をしているときは胃が痛くなることもあったが、すごいことだと思った。激論を交わすことができたのは、都会の大規模校なので全国から教員が採用され、地元のしがらみがあまりないことが考えられる。次に、議論を深めようとする教員が何人もいたことが挙げられる。さらに、生徒主体の教育を深めようとしたり、管理職に忖度しない情熱的な教員が何人

もいたことが挙げられる。

　最初の赴任校は職員会議で激論を交わしても、日常の挨拶や必要な会話は普通にしていた。激論が、職場の人間関係に悪影響をもたらすことはなかった。激論と人間関係は、両立しなければならない。激論を交わした相手と口を聞かない話を耳にすることがある。教員が切磋琢磨するためには、激論が欠かせない。活発な議論が展開される学校でなくして、教育の高まりは期待できない。

　議論に求められるのは、スポーツマンシップである。スポーツは、競技に全身全霊で取り組む。競技が終わると、互いの健闘を讃える。教員の議論は、スポーツマンシップから学ばなければならない。会議では議題にありったけの知見で臨み、どれだけ積極的かつ主体的に参加していたかが問われる。

　自治体の議会は傍聴できるし、ネットで中継しているところも多い。プライバシーには配慮しなければならないが、学校の授業はもちろん、職員会議や研究会なども公開したらどうだろうか。

4 「卒業証書授与式」か「卒業式」かを激論する

　名称は、単なる名称の問題ではない。名称は、言葉である。言葉には、人間観、思考観、教育観などが現れる。問われるのは名称ではなく、その内容である。ふさわしい内容を考えるとともに、内容を具現する名称を考えなければならない。

　教育にとって、言葉は極めて比重が大きい。言葉の扱いが、教育の質に直結する。教育における言葉の重要性を認識し、根拠を持って使わなければならない。

　1970年代は、「国旗掲揚」「国歌斉唱」「仰げば尊し」が問題になる学校が少なからずあった。教員間の議論というよりも、行政の意をくんだ教員とそうでない教員の議論だったと思われる。

　名称を「卒業証書授与式」にするか、それとも「卒業式」にするのかの激論が交わされた。「卒業証書授与式」を主張する教員は、卒業式は卒業証書を授与する場であるとともに、卒業証書は管理者である校長から生徒に授与する（与える）ものであるとする考えによる。

　一方、「卒業式」を主張する教員は、「入学式」に対応すると「卒業式」がよい。かつ、卒業証書は生徒が主体的に取得するもので授与される（与えられる）ものではないとする考えによる。また、卒業式を「卒業証書授与式」にするなら、「入学式」を「入学許可式」にしなければならないとの意見もあった。

　筆者は、「卒業式」でよいと思った。「卒業式」がよいとする意見が多かった。それなのに、採決すると原案どおりの「卒業証書授与式」になった。教員一人一人の本音は分からないが、「卒業証書授与式」を主張する教員は立場がそうさせていると感じた。また、発言しない教員が「卒業証書授与式」に賛成したのは、職場の力学が影響したことは否定できない。同じ県内で、卒業証書を生徒に渡すことをメインとした従来の内容ではなく、呼び掛けや合唱などを盛り込んだ注目に値する卒業式を実施している学校があった。

　「卒業式」は、3年間の中学校生活の集大成である。3年間の成果を確認し、新たなスタートにあたって決意を表明する場でなければならない。従来からの名称や内容が、普遍的かつ完成形だとは思わない。国内外の名称や内容を調べて、ゼロから検討する必要がある。今までにない卒業式を行うためには、教員に相当なエネルギーが要る。従来どおりに実施したほうが、教員にとっては楽に違いない。

　「卒業証書授与式」がよいか、それとも「卒業式」がよいかは単なる名称の問題ではない。教育をどう考えるか、教員と生徒の関係をどう捉えるか、教員としての考えをどれだけ誠実に表明しているかが如実に反映される。

5 「学級通信」の発行に、同僚から苦言を寄せられる

> 教育は、保護者との連携が欠かせない。生徒がどのような学校生活を送っているか、教員がどのような考えで教育にあたっているかは、保護者に伝えなければならない。そして、保護者から積極的に意見を寄せてもらうとともに、保護者の意見に傾聴しながら対話を深めていかなければならない。

　担任がどのような考えで学級経営しているか、生徒はどのような学校生活を送っているかを、保護者にできるだけ伝えなければならないと考えて学級通信を発行した。学校全体では、学級通信を発行している教員よりも、発行していない教員が多かった。発行の回数は、毎日、毎週、毎月、不定期とさまざまだった。連絡事項も書いたが、エピソードを中心にした。その際、何があったかだけでなく、出来事に対する担任の考えを必ず書くようにした。担任の考え（方針）に意見があれば、遠慮せずに聞かせてほしいとの願いもあった。同僚が発行している学級通信、他校の教員が発行している学級通信はとても参考になった。

　今はパソコンで簡単に原稿を作成できるし、印刷も簡単にできる。当時は、原紙に鉄筆やボールペンで書かなければならなかった。印刷にも時間がかかった。毎日発行している同僚のエネルギーは、驚異だった。筆者はそこまではできなかったので、週1回の発行にした。

　学級通信の発行は、義務ではない。義務ではないので、発行する担任も、発行しない担任もいた。ある日、発行していない担任から、「保護者から学級通信を出してほしいと言われた」と苦言を言われた。圧力を感じた。学級通信を出さないなら、出さない理由を保護者に説明すればよい。出したほうがよいと思ったら、出せばよいだけである。学級通信を出す担任がいるから、とばっちりがくると言いたかったのである。むろん、苦言を言われたからといって、止める判断はみじんもなかった。ただ、そのような同僚もいることが分かった。

　学校に、「横並び主義」があるのは否定できない。学級通信を出す担任と出さない担任がいるのは困るのである。本来は競うべきなのに、学校が横並びの金太郎飴になっているのは否定できない。それぞれの学校が、「本校は特色がある」と反論するかもしれないが、筆者から見れば「小さな特色」にすぎず、特色と言えるようなものではない。

　今議論されている教員の働き方改革に照らすと、学級通信を発行するから忙しくなると言われるかもしれない。義務ではない学級通信をなぜ発行するのかと。教育は、保護者との連携が不可欠である。「学級通信」の充実こそ求められる。

　なお、生徒は保護者に必ず渡してくれると信じていたが、保護者宛に書いたので、渡す義務があることを伝えた。生徒が読んでよいことも伝えた。

　当時は、パソコンもSNSもない。時間をかけて原紙に書いてからプリントし、配布するしか方法がなかった。今は、いろいろな方法がある。多くの情報を短時間で発信できる便利な時代になったものである。

6　生徒から、同僚の授業に対する不満が寄せられる

　教員も人間なので、話しやすい同僚もいればそうでない同僚もいる。同僚の授業に対する生徒の不満は、話しやすい同僚なら率直に伝えて善処を依頼しやすい。話しにくい同僚でも生徒の不満を率直に伝えなければならないが、話したらよいか、どのように話したらよいかを悩むのは否定できない。話しても、どのように受け止めてもらえるかが分からない不安もある。

　生徒の授業に対する不満の解消には、クラス担任と教科担任の対話も必要だが、校内授業研究会の充実が不可欠である。校内授業研究会の充実によって、教員一人一人の授業改善が進むことが期待できる。授業に対する、教員どうしの会話が日常的に展開されることも期待できる。

　また、生徒から不満を聞いたクラス担任が一人で抱える必要はない。内容によっては、上司や同僚などにアドバイスを求めることも必要である。信頼できるスーパーバイザーが学校内にいればよいが、いなければ学校外から探さなければならない。人脈を広げることも、重要である。

　中学校３年生を担任したとき、生徒から２人の同僚の授業に対する不満が寄せられた。担任として、放っておけないと思った。生徒の声だけでは、実際はどうなのかが分からない。軽々に、判断できない。しかし、同じ中学校で働いているので、職員会議での発言などから、その教員の人柄や教育観などをある程度想像することができた。生徒からその教員の授業に不満が出ることは、否定できなかった。

　大事なことは、生徒の学びが向上することである。そこで、１人の教員とは率直に話をした。しかし、話をしている途中で泣かれてしまったので、その教員の考えはあまり聞くことができなかった。生徒の不満そのものに無理があったのか、その教員の指導や対応に改善の余地があったのかがはっきりしなかった。生徒の学びの向上になればと思って話したが、結果的に話し合いは不調に終わったと思っている。担任としての力量不足を痛感した。このことを契機に、生徒も教員も授業を少し考えるようになったのが、せめてもの救いだった。

　もう１人の教員の授業は、授業担当の教員と話し合っても生徒の不満を解消することは難しいと思っていた。担任である筆者が授業担当の教員と話し合って改善するならいくらでも話し合うが、難しいと思っていることを生徒に率直に伝えた。生徒もうなずいていた。そこで、クラス全体でその教科の予習と復習をして、乗り越えることを提案した。生徒は一生懸命に取り組み、その教科のクラス全体の平均点も向上した。高校の入学試験にも反映され、順調に合格した。

　大学に勤務したときは、全ての講義に対して無記名のアンケートが実施された。その場で、講義担当教員が閲覧できないように封印してから回収された。結果も公表された。さらに、結果に対する担当教員のコメント記入も義務付けられた。中学校に勤務していたときは、このようなアンケートを生徒に課していなかった。授業は、教員が一方的に行うものではない。学びの主役である生徒の要望などを把握し、授業の改善に努めなければならない。

　また、勤務していた中学校は、校内授業研究会が積極的に開かれている

とは言えなかった。全教員が最低でも年1回は授業を公開して授業研究会を開催し、授業力の向上に努めなければならない。

　中学校で担任をしたときに、生徒から2人の教員の授業に対する不満が寄せられたが、担任として同僚の授業に関与することの困難さを痛感した。今なら、学校として「生徒に対する授業アンケートの実施」および「アンケート結果に基づく授業改善」、「活発な全校授業研究会の推進」は欠かせない。教員の授業力向上のために、学校運営の第一に「授業研究」を掲げて、授業研究会を積極的に開催しなければならない。生徒の授業に対する不満は、教員の授業力が問われている証である。

7　進路指導に悩む

　生徒が受験を考えている高校の情報は、担任よりも生徒や保護者が多く持っている。生徒や保護者は当事者なので、担任よりも詳しいのは当然である。
　教員に配布される情報は教員のためでなく、生徒のためのものである。ならば、個人情報などを除いて開示しなければならない。生徒にとって、判断材料は多いほうがよい。可能な限り、提供しなければならない。
　また、生徒や保護者との進路相談は、生徒や保護者が納得し、かつ悔いが残らないように丁寧に取り組まなければならない。多忙などを理由に、中途半端にしてはならない。

　進路指導では、高校の特徴の把握に悩んだ。進学する高校は、東京都と神奈川県をカバーするので、学区内の高校はもちろん、公立と私立を合わせると相当な数になった。自分が育った地方の高校は数が少ないこともあって、高校の難易度や特徴はおおよそ理解していた。しかし、新たな地域の、しかも相当な数の高校の難易度や特徴は、資料に書かれている範囲でしか理解していなかった。資料に書かれていないことも理解していれば、もっと具体的にアドバイスできたと思うと情けなかった。当然、生徒と保護者は当事者なので視野に入れている高校の詳細な情報をさまざまな

方法で入手している。

　担任の中には、筆者よりも高校の情報に詳しい教員が何人もいた。詳しくない筆者が、クラスの生徒にとってハンディになることは絶対に避けなければならないと思った。そこで、中学校3年生は進路に関わる三者面談もあるが、それとは別に家庭訪問をした。勤務中は出かけられないので、勤務後に家庭訪問した。夕食の準備や夕食の時間帯は避けなければならないので、その前後の時間帯に訪問した。1日に、3人くらいしか訪問することができなかった。

　訪問では、教員のみの情報を含む全ての情報を示し、生徒や保護者が持っている情報と合わせて受験校を決める判断材料にしてもらえばよいと考えた。当時は、電車とバスで通勤していた。学区は、広大な新興住宅街を抱えていた。タクシーが捕まりにくく、学区を歩くのにも時間がかかった。また、天気予報の精度は今のようによくなかったので、家庭訪問中に突然の雨で濡れることもあった。靴下が濡れていることを知った保護者が、靴下と傘の貸し出しを申し出ることもあった。せっかくの好意なので、喜んで受けた。今では、懐かしい思い出である。

8　教員1年目に研究授業を頼まれる

　残念ながら、積極的に研究授業を引き受ける教員は少ない。しかし、研究授業は、やった者勝ちである。なぜなら、研究授業を行うには労力を要するが、教材研究が深まり、題材、目標、指導方法、評価を深く考えることができるからである。さらに、参観した教員から、自分が気づかないことを指摘してもらえることも多い。

　研究授業を引き受けると労力は要るが、得るものが多い。

　赴任した中学校は大規模校だったので、美術担当教員が筆者を入れて3名もいた。教員になったばかりなのに、区と学校を兼ねた研究授業をするように頼まれた。なんで教員になったばかりの私なのか、なんでベテラン

の教員がいるのにやらないのか、疑問に思った。正直なところ、押し付けられた感があった。ふだんの授業をそのまま見てもらえばよいと思って引き受けた。

　日々の授業は学習指導案を書いていないので、学習指導案を書くつもりはなかった。そのことを主任に話したら、指導主事が来校するので困ると思ったのか、執拗に書くことを迫られた。そこで、「書けばよいのですね」と念を押して、書くことにした。題材は筆者の関心が高く、撮影した作品のスライドが多い現代美術の鑑賞にした。勤務校には、英語の教員が何名もいた。そのような中で、英語が得意でないのに、大胆にも英文の学習指導案を書こうと考えた。研究授業を押し付けられたことへの反発もあったのだと思う。大学を卒業したばかりなので、英語が不得意でも少しはできるという傲慢さもあったのかもしれない。

　何とか英文の学習指導案を書き上げた。英文に間違いがあっては困ると思い、通訳の資格を持ち、英字新聞を読み、英語のラジオ放送をいつも聴いている同僚にチェックをお願いした。幸い、特に間違いは指摘されなかった。

　ところが、主任は英文の学習指導案では困るという。そこで、22歳の若かった筆者は、「教員はみんな大学を卒業しているので、これくらいの英文なら分かるはずである」と、憎まれ口をたたいた。その後、主任からは日本語の学習指導案にするように、しつこく迫られた。そこで、仕方なく、展開だけは日本語版も作成した記憶がある。

　この研究授業を通して感じたことは、研究授業を積極的にやろうという教員がいないということだった。やりたくないから、誰かに押し付けたいのである。事情をよく知らない新採用の教員は、好都合だったのである。

　教員の授業力を高めるためには教員一人一人の自己研鑽も必要だが、授業研究会をいかに充実させるかにかかっている。赴任校は、授業研究会に積極的であるとは思えなかった。研究授業を引き受ける人が少ない理由は、授業研究会が活発でないこととも関連している。それは、学校として教員一人一人の授業力を必死になって向上させようとする意欲の欠如を意

味する。新採用のとき、指導方法や評価などについて同じ教科の2人のベテラン教員にアドバイスを求めたが、あまり納得できるアドバイスはもらえなかった。そこで、校内に留まるのはよくないと考え、校外にその場を求めた。教研集会や研究会に積極的に出かけた。そこでは、さまざまな実践を知ることができた。多くの教員との出会いがあった。そこで知り合った教員から推薦されて、区、市、県、全国の教研集会で発表する機会をいただいた。教研集会の激論を目の当たりにし、美術教育の在り方を根本から考えずにはいられなかった。教研集会や研究会では、提案や発言の仕方、議論の深め方、グループ討議の進め方なども学んだ。

　校内に閉じこもっていても、教員は務まったと思う。しかし、その授業は自己満足の授業になるのは目に見えている。

9　炎天下、生徒がグランドに正座させられる

　職場の人間関係に悩むのは、学校だけではない。指導に関わる肯定や称賛は同僚に言いやすいが、疑問などは言いにくい。
　しかし、教育は教員の人間関係を優先する場ではない。児童・生徒に学びを創造し、児童・生徒の人格の形成に寄与する場である。児童・生徒に学びを創造し、人格の形成を図るためには、疑問に思っていることを率直に発言し、教員みんなで考えていかなければならない。教育は、一人の教員ともう一人の教員の問題ではなく、学校全体の問題だからである。

　真夏の炎天下、生徒がグランドに正座させられているのが目に飛び込んできた。よく見ると、生徒のそばには竹刀を持って立っている教員がいた。生徒が何をして正座させられているのかは分からなかったが、生徒の心情を想うといてもたってもいられなかった。生徒は、自分に非があったので当然の報いと思っているのか。あるいは、なぜグランドに正座させられるのかと思っているのか。その理由は、経緯が分からないので知る由もない。いずれにしても、異常な光景だった。

　生徒のそばにいた教員に直接話をしてもよかったが、校長室からグランドがすぐ見えることから、校長に言わなければと思った。校長室に入って、グランドを指差しながら「あのような指導を校長は是認するのですか」という旨の話をした。

　校長は、新米教員の発言に驚いたかもしれない。また、グランドが見える教室や職員室もあったので、他の生徒や教員の目にも入っていたはずである。正座させられている生徒が、どのような心情だったのかと思わずにはいられなかった。同時に、筆者以外にも目撃している教員がいたと思うのに、問題視する教員はいなかった。

　今も、当時も、完全なハラスメントである。教員に限らず、職場は同僚に意見しにくい環境にあるのは否めない。肯定的な意見や称賛する意見は言いやすいが、反対意見、疑問、注文は言いにくい。直接言いにくい場合は、同僚に相談してもよい。

　また、生徒の言動に問題があったので注意したら、「先生、殴ってください」と言われて愕然としたことがある。「問題行動＝体罰容認」が浸透しているのかと思うと、恐ろしくなった。グランドで正座させられても、疑問に思わない感覚があるのだろうか。その時は、とっさに「あなたの行動と殴ることは関係ないので、私は絶対に殴らない。殴ることで、とった行動は免罪されない。とった行動を心から反省し、二度とそのような行動を取らないようにしなければならない」旨を伝えた。

　「教員と教員」「教員と生徒」「生徒と生徒」、これらは全て対等である。同僚に配慮してハラスメントを見逃すと楽であるが、同罪である。教員は、同僚に対する配慮を優先する教員にもなれば、生徒の心情を第一に考えることができる教員にもなれる。職場の人間関係を優先して遠慮がちになるので、生徒の心情に配慮できる教員になるのは容易ではない。しかし、教員の醍醐味は、生徒の心情に配慮できてこそ味わうことができる。

10　生徒から、座席変えを要求される

> 　座席に対する不満は、単なる座席への不満ではない。クラスは座席への不満もあれば、グループ間の問題、仲のよしあしなど、さまざまな問題を抱えている。何も問題がないクラスはありえない。担任に対する不満もありえる。
>
> 　クラスの問題は、クラスみんなで知恵を出し合って解決していかなければならない。そのためには、レクレーション、行事、グループ学習などを通して、集団としての力を育まなければならない。座席の問題を、座席の問題に閉じ込めてはならない。クラスの問題をみんなで解決しながら、集団の力を発揮していく過程に関わることができるのは、教員の醍醐味である。

　誰もが納得する教室の座席は困難である。誰でも、隣に来てほしい人、できれば隣に来てほしくない人がいる。それを全て満たすことは困難である。生徒が一致できるのは、視力が低い人を前列にするくらいである。

　座席を担任が決めるクラスもあれば、生徒に決めさせるクラスもある。筆者は、世の中には男性と女性がいること、男性と女性は敵対するものではなく仲よくしなければならないことを理由にして、男性と女性が隣り合うことを条件にした。生徒が男性と女性に分かれるのは、クラスのまとまりにも欠ける原因にもなるので、男性と女性が隣り合うことは譲れなかった。男性と女性が仲よくすることは否定できないので、生徒から反対意見は出なかった。そのうえで、座席をどうするかは生徒に委ねた。

　全員納得する座席は困難なので、どのように決めても問題が残る。大事なのは、生徒のみんなが解決していく過程である。生徒の議論を見守った。さまざまな意見が出され、クラスの生徒全員が最終的に納得できる座席になった。

　また、クラスには団結力が必要である。そのためには、レクレーションの開催、文化的・体育的行事での協力、グループ学習の実施なども大切である。

　座席の問題は、単なる座席の問題に帰してはならない。クラス全体の集団力と比例していることを忘れてはならない。クラスの集団力をどのように育むかが、学級経営および担任の醍醐味である。

11　校長から、評定の理由を質問される

　人間は誰でも、得意なこともあれば、不得意なこともある。興味・関心が高いものもあれば、低いものもある。個性や能力もさまざまである。決して、一様ではない。
　美術の表現も多様である。器用・不器用や上手・下手の基準も曖昧である。そのときの調子もある。むろん、ふざけて授業を受ける生徒はいない。生徒がそれなりにがんばっているのに、学期ごとに決められた割合で1〜5の評定をしなければならないのには納得できなかった。
　本来の評価は、生徒の学びの成果と課題を確認するとともに、課題の克服に見通しが持てるものでなければならない。高校の入試制度とも関連するので、教科や学校独自に評価するのは難しいかもしれない。しかし、評価は重要なので、一人一人の教員が真剣に考え、改善していかなければならない。入試制度によって生徒の評価を歪めることがないように、生徒にとっての最良の評価を考えることが教員の使命である。

　勤務した中学校は神奈川県内にあったので、高校入試は内申書を重視する神奈川方式が採られていた。学期ごとの成績（5段階評定）が高校入試に影響するので、中学校生活でいかに高い点数を取るかが生徒の関心事になる。
　成績には、絶対評価と相対評価がある。絶対評価は校内の順位付けはせず、目標に対する到達ぐあいなどを評価する方法である。文章などで評価することが多い。5段階評定で絶対評価する場合もあるが、その場合は各段階の人数制限は設けない。「A、B、C」の3段階で評価することもある。
　一方、相対評価は校内の位置を見る評価で、点数によって評定する。正規分布に基づいて、5と1が7％、4と2が24％、3が38％と、1〜5の割

合が厳密に決められている。1〜5の5段階で評定することが多い。数値を避けて、「大変良い、良い、普通、あまり良くない、良くない」や、目標の実現状況に応じた「十分満足できるもののうち特に程度が高い、十分満足できる、おおむね満足できる、努力を要する、一層努力を要する」などもあるが。5段階に変わりがない。

　生徒全体のレベルが高くても、決められた割合に基づく人数の1や2の評定をしなければならない。また、生徒全体のレベルが低くても、決められた割合に基づく人数の4や5の評定をしなければならない。校内の1〜5の人数が決められているので、学校の格差は反映されない。

　5段階で評定して数値化するのは、高校入試の選別に便利なだけである。高校にランク付けがあるので、偏差値によって受験校が分散して特定の高校に集中することを回避できたり、高校の合否判定が楽なだけである。高校が特色を生かした入学試験を実施すれば、中学校の5段階評定は必要ない。または、高校を全入にして卒業を厳しくすれば、高校での学びにもっと励みが出るのではないだろうか。

　教員1年目の2学期末に、校長に呼ばれた。そして、1学期の評定から2段階変化している数名の生徒の根拠を聞かれた。教科の評定や通信簿は教務主任等を経て、副校長と校長の承認を受けて生徒に渡されていたと思う。上司はチェックする立場にあるので、疑問があったら確認するのは当然である。

　校長から聞かれたのは、2段階変化した理由である。例えば、2の最上と4の最下は、数値上2段階だが、限りなく1段階に近い。よって、2段階変化はありえる。担当教科の美術は、実技である制作（作品）と知識を問うテスト（中間テスト、期末テスト）で評定した。校長に、2段階変化した根拠を説明したら、それ以上は言われなかった。それ以降は、2段階変化した生徒がいる場合は、その根拠を書いたメモを添付した。

　校長に呼ばれたことを知った同僚の中には、校長に「部下を信頼しなければだめだ」と言ってくれた人もいた。また、2段階変化した生徒の中に、PTAの有力者がいることを教えてくれた同僚もいた。

　内申書が重視されるので、通信簿の評定は高校入試に影響する。中学校の教科は、主要5教科と言われる国語、数学、理科、社会、英語と、実技を伴う保健体育、技術家庭、音楽、美術の4科目の、計9科目ある。国語、数学、理科、社会、英語の全てが「5」で、美術だけ「2」では景色としても困るのである。全ての科目が優秀な万能な生徒もいるかもしれないが、特定の教科に優れる生徒もいるはずである。教科に、得意と不得意はあってもよいと思う。

　国語、数学、理科、社会、英語の全てで「5」を取得できる生徒が、美術で低い評定にならないように配慮していたのは否定できない。主要科目で高い評定を獲得できても実技が不得意な生徒のために、中間テストと期末テストでは知識を問う設問にした。実技が不得意でも、テストでいい点数を取れば、低くても「3～4」になる。「2」と評定された生徒自身は、実技もテストもよくなかったので、いい評定にならないことは予想していたし、結果に納得していたことを後日知った。

　当時は、5段階の相対評価はしなければならないと思っていたので、入試制度や評価方法そのものを改善する働きかけはしなかった。筆者が中学校に勤務していたのは50年くらいも前のことなので、現在は評価の考えが大きく変化しているのかもしれない。いずれにしても、評価はよりよいものに改善していかなければならない。現状の不足を補う評価も併用しなければならない。筆者が担当した美術の授業では、生徒による自己評価も採り入れた。自己評価を読むと、正確に評価していることに驚かされた。

　授業の評価は、到達目標に対する「過程」と「結果」を授業者である教員の側からと、生徒の側からの両方からしなければならない。また、授業研究会などを通した同僚や外部識者による授業の評価も欠かせない。評価は、児童・生徒の学びの反映である。評価と授業力は比例する。評価には教員の授業力が問われていることを肝に銘じなければならない。評価は入試制度との関連もあるので、評価の在り方だけではなく、入試の在り方も真剣に考えなければならない。中学校教員だから、高校の入試は関係ないとは言っていられない。

12　生徒のエネルギーに圧倒される

　４年間中学校に勤め、２年目に１年生、４年目に３年生を担任した。当時は教科に対する知見は少しあっても、担任に必要な知見はほとんどなかった。このような教員が担任になることは生徒に失礼だし、生徒はたまったものでない。夢中でやるしかなかった。良く言えば「体当たり」、悪く言えば「その場しのぎ」だった。中学校の教員免許状は教科ごとなので、教科に関する知見は不十分ながらも、それなりに持っている。しかし、学級経営、生活指導、生徒指導、進路指導、集団づくりなどは、大学在籍中の教職課程で少しは学んだのかもしれないが、役に立った実感はない。大学の教職課程の課題でもある。

　幸い、担任した３年生のクラスは仲よく、何事にも積極的に取り組む活気に満ちた自慢のクラスだった。このような生徒と関わることができたのは教員冥利に尽きる。

　最初で最後に担任した、中学校３年生のクラスのエネルギーに圧倒された。中学校３年生は、高校受験を目指して勉強に励まなければならない学年である。しかし、筆者のクラスは違った。

　秋の文化祭では、「青春の影」というタイトルの８ミリ映画を制作した。担任はほとんど関わっていない。生徒たちで台本を考え、機材を準備して撮影し、編集したのである。放映当日の教室は鑑賞者であふれていた。

　また、合唱コンクールでは皆がよく練習し、賞を総なめにした。体育祭も成績優秀だった。さらに、生徒がクラスで配布する係や個人の新聞に通し番号を付けたら、なんと150号を超えた。教室の壁に貼ったら、壁面いっぱいになった。

　とはいえ、中学校の中心は教科学習なので、志望の高校に合格するためには教科の成績の向上が欠かせない。グループ学習も定着し、クラスの成績は学年の平均を上回った。高校入試の結果も順調だった。

　男女の仲もよく、皆よく協力し、影響し合い、何事にも積極的に取り組む自慢のクラスだった。同じ時間を共有できたことに感謝している。教員

冥利に尽きる。卒業後、年齢を重ねても、何度もクラス会が開催された。

　筆者が中3を担任したのは、1975年である。「3年B組金八先生」がTBS系列で放送されたのは1979年からである。よって、中3を担任したときは、「3年B組金八先生」はまだ放送されていなかった。卒業後に何度かクラス会が開催されたが、そのクラス会で、卒業生から「先生は、さしづめ金八先生だね」と言われた。お世辞でもうれしかった。

　家族の事情もあって、この3年生を担任した夏に出身地の教員採用試験を受け、秋には面接を受けていた。卒業式前には、採用内定の通知が届いていた。これらは、クラスの生徒にはいっさい知らせていなかった。しかし、卒業式当日になって、クラスの生徒が母校を訪ねてきても担任が退職していたらがっかりするだろうとの思いが強まった。そこで、体育館で卒業式を終えて教室に戻ってから、クラスの生徒に「私も、今日、皆といっしょに卒業します」と宣言した。それを聞いた生徒は、突然のことだったので、キョトンとしていた。そこで、退職する理由と、どこに行くかのを伝えた。

　私が退職することを伝え聞いた保護者の代表が、餞別を持ってきてくれた。筆者は保護者から金品を受け取らない主義だったが、このときはありがたくいただいた。

13　教員は、どのような姿勢で生徒に接するか

　教員の姿勢に、生徒は敏感である。教員の姿勢は、教室の雰囲気に大きく影響する。生徒の学びは教員の知見に左右されるが、教員の姿勢にも左右される。授業力は教科の知見だけでなく、授業に臨む教員の姿勢とも密接に関わっている。

　よって、生徒とどのように関わるかが重要になる。教員にとって、学びを深めるための生徒との関わり方の探究が求められる。

　中学校は教科ごと、クラスごとに授業が行われる。同じ授業をクラス

ごとに行うが、クラスによって教室の雰囲気が違うことに驚いた。学習に集中するクラス、ざわざわしているクラス、おとなしいクラス、活発なクラスなどである。これらのクラスの特徴は、担任の姿勢が反映していることに気づいた。担任の姿勢は、学級経営力でもある。学級経営力が、クラスの雰囲気を醸成するとともに、生徒の学びを左右することに気づかされた。生徒に厳しい教員、あまり生徒に関わらない教員、生徒に真剣に向き合う教員、生徒の好ましくない言動を見て見ぬ振りする教員、生徒に迎合する教員などさまざまである。

　生徒に厳しい教員には、生徒は反対しても仕方ないと思って従うようにする。あまり生徒に関わらない教員には、生徒もそれを見抜いて関わらないようにする。生徒に真剣に向き合うには、エネルギーがいる。例えば、気になることがあった場合に注意することを考えてみたい。見過ごせば関わらなくても済むので、教員の労力は要らない。楽である。しかし、注意するにはエネルギーがいる。どのように注意すれば響くかを考えなければならない。時間も取られる。その場では終わらずに、アフターケアも必要になる。生徒に真剣に向き合うことは、生徒の問題を教員の問題として、いっしょに考えることである。このような教員にこそ、生徒は信頼を寄せる。

　そもそも、教員は生徒の上ではなく、同等である。教員どうしや生徒どうしは価値観なども異なる。まして、教員と生徒は世代が異なる。そこで、筆者は教員の考えを生徒に押し付けたり、教員が生徒の考えに迎合するのはよくないと考えていた。教員と生徒が、対等に議論することが大切だと思っていた。教員は教員の考えを主張し、生徒は生徒の考えを主張すればよい。教員が考えを主張して壁を造り、その壁を生徒に乗り越えさせるのである。乗り越える過程で、教員の考えも生徒の考えもアップグレードすることが期待できる。生徒に安易に迎合したり、妥協したりするのはよくない。

　授業中に音楽室の前を通ったら、とてもうるさかった。静かにするように注意しようと後ろのドアを開けたら、教員が前にいた。授業中だった

のである。授業に集中したい生徒も多くいたと思うが、注意できなかったのだと思う。このときの教員は、若い女性だった。男子中学生は若い女性の教員に興味・関心があるので、からかって反応を楽しんだりする。反応がおもしければ、止めないどころか、エスカレートする。このときの教員は、教員なりにまじめに授業していたと思うが、生徒にうまく対応ができなかったと思われる。

　一方、うまく対応できた教員もいた。授業が終わって職員室に入るなり、筆者に「先生、先生、聞いて！」と、興奮気味に話しかけてきた。「どうしたの？」と聞いたら、男子中学生に「ペチャパイ！」とからかわれたので、「何、ペチャチン！」と言い返したという。言われた男子中学生は何も言えず、ギャフーンとしていたという。冗談で言われたことに対して、冗談で倍返ししたのである。それ以降、からかわれることもなく、授業もスムーズに展開できたという。教員には、このような対応力も求められる。

14　遠足の服装を議論する

> 　服装は校則と同様に、学校の教育方針や教員の教育観が反映される。単なる服装や校則の問題に帰してはならない。服装や校則は、その根拠になっている教育方針や教育観にまでつなげて議論しなければならない。議論は、教育方針や教育観を再確認するよい機会である。

　学年の会議で、遠足のときの服装が議論になった。1クラス45名の13クラス、600名弱の大規模学年だったので、学年に所属する教員も多かった。

　遠足の服装は、体操着（ジャージー）派と自由派に分かれた。体操着派は、「動きやすい」「自由にして派手になると困る」「本校の生徒であることが分かる」「自由にすると服装の競争になる恐れがある」などを理由に挙げていたと思う。皆同じ服装にするのは、集団に対する帰属意識を養う

意味もあったと思われる。それに対して自由派は、「動きやすくて汚れてもよいならどのような服装でもよい」「体操着は体育の授業で着るものである」「服装のTPOを教えるよい機会である」などを理由に挙げていたと思う。TPOとは、Time、Place、Occasion のことで、時、場所、場合・場面を意味する。服装のTPOとは、時、場所、場合・場面に応じた服装を考えて着用することである。遠足の場合は、遠足にふさわしい服装を考えることである。学年主任は体操着を推していたが、議論したら自由が多かったので、自由になった。議論が尊重される職場だった。ただし、保護者や生徒自身の考えも調べて参考にすべきだったと思っている。

　当日は、派手な服装の生徒が数名いた。体操着派の教員からは、「だから言ったじゃないか」と言われた。筆者は、自由でよいのではないかとの意見を述べた。自由にすると、教員が望ましいと考える基準におさまらない服装の生徒が出てくるのは当然である。実際に着てみてどうだったのか、他の生徒の服装と比べてどうだったのかを考えながら、TPOを身に付けていけばよい。

　筆者が出会った外国人の容姿に、違和感を持ったことがある。長髪や服装が、筆者の常識から外れていたのだと思う。しかし、いろいろ話をしているうちに、外見で判断してはならないことを痛感した。

　大学教員のときも、派手な服装や厚化粧の学生がいた。派手な服装や厚化粧が授業の支障になったことはない。服装や化粧も個性であり、自己表現である。そもそも、教員と学生は基準が異なる。学生が、自分の容姿を考えることは大切である。

　なお、公立の学校は服装を強制できないので、制服はない。制服と思っているのは標準服である。標準として示しているだけである。学校が斡旋する体操着やカバンなども同様で、強制はできない。制服（標準服）は国によっても違うし、年齢（小、中、高、大）によっても違う。日本は、小学校や大学が自由なところが多く、制服（標準服）は中学校や高等学校が多い。都立高校の約1割が自由である。今は、ジェンダーレスが叫ばれている。制服（標準服）の在り方も変化してきている。何事も従来のものを

安易に踏襲するのではなく、常に見直さなければならない。髪型や持ち物などの校則も同様である。

　いずれにしても、服装や校則には学校の教育方針や教員の教育観が反映される。単なる服装や校則の問題に帰してはならない。

15　生徒の家出に対応する

> 　中学生は、思春期である。家族関係や友達関係などに悩みを抱えていることが多い。人間には強さもあるが、弱さもあることを理解しなければならない。生徒が信頼して相談できる教員を目指さなければならない。

　4年間の中学校教員生活で、2回担任をした。担任をしたときの春休み（3月）に2人の女子生徒が家出したことがある。保護者は、子どもを1秒でも早く探さないと心配でならない。保護者が知人や子どもの友達などに聞いて探しても見つからなかったり、警察に届けても見つからない場合は、藁にもすがる思いで担任に連絡してくるのだと思う。

　春休みは、年度末や年度始の業務が多いので、忙しい時期である。しかし、そんなことは言っていられない。生徒が行きそうな場所を探すしかない。1人は、近くの公園ですぐに見つかった。もう1人は、追っかけのミュージシャンがいることが分かったので、ミュージシャンの公演スケジュールを調べたり、ミュージシャンが行きそうな場所を訪ねたりした。生徒の自宅は横浜にあったが、探すために東京のライブハウスを何軒も訪ねた。来ていたかを尋ねるだけでは申し訳ないと思い、いく先々で飲み物を頼んだ。お腹がガブガブだったが、がまんした。交通費などの経費は自腹だったが、なんとか見つけたいとの思いでいっぱいだった。

　ミュージシャンの公演予定会場に、京都や福岡もあった。京都や福岡までは探しに行けなかったが、生徒は無事に戻ってきた。福岡に行っていたことを保護者から聞いた。予想が当たっていた。

　中学生は思春期真っただ中である。家出したい気持ちは理解できる。た

またま2人の生徒が実行したにすぎない。どんな思いで家出したのか、家出中にどんな気持ちでいたのかを考えると胸が痛んだ。担任である筆者に生徒が悩みを相談してくれなかったのは、筆者の教員としても未熟さにあるのではと反省させられた。

人には強さも弱さもある。人の内面は分からないことのほうが多い。それは教員も生徒も同じである。教育の難しさ、生徒を理解することの難しさを痛感した。特効薬はないが、生徒に信頼される教員を目指さなければならないと、あらためて思った。

16　中元が届く

クラス担任になったら、保護者から中元がいくつか届いた。保護者や業者の中には教員を接待したり、物を届けたりする人がいる。このようなことまでは大学で学ばなかったので、どのように対応したらよいか悩んだ。

このようなことは教員どうしで話さないし、職員会議や初任者研修で話題になったこともなかった。個々の教員がどのように対応しているかは分からない。受け取る教員もいれば、受け取らない教員もいるのではと想像するしかない。

教員は保護者や業者から物をもらったり、接待を受けたりすることは絶対にあってはならない。保護者や業者から物をもらったり、接待を受けたりする教員になるか、それともそうでない教員になるかは、その後の教員人生を決定的に左右するのは間違いない。個々の教員の対応が問われる。それは、自分しだいである。

教員になって2年目に、はじめてクラス担任になった。7月になったら、有名なデパートから中元がいくつか届いたので驚いた。送り主は保護者だった。生徒が世話になっている担任に礼をしたい保護者の気持ちは分からないでもないが、金品の受領はもってのほかである。そのまま送り返そうと思ったが、送り主の気持ちも考慮し、同じくらいの金額の物を買って送った。そうしたら、その後は来なかったので安心した。筆者は受け取らないということが、保護者に広まったのであろう。5万円の月給から、ア

パート代も払わなければならない。中元や歳暮のたびに出費するのはしんどいと思っていたので、安堵した。もらっていたら、中元や歳暮が毎回届くのかと思うとゾッとした。

　中元や歳暮を受け取る教員は少なくないと教えてくれた同僚もいた。子どもの成績を上げてほしいと、現金を持ってきた保護者もいたと打ち明けてくれた同僚もいた。飲食の接待を受けている教員もいると、教えてくれた同僚もいた。現金は受ける取らなければよい。接待は受けなければよい。いっしょに会食しなければよい。やむをえず会食しなければないない場合は、自分の分を払えばよい。

　また、漁師や農家から、魚や野菜をもらったことがある。出荷できない魚や野菜、とれすぎた魚や野菜まで断るのは、せっかくの好意を無にするのではとの思いから、ありがたく受け取った。しかし、もらってよかったかはずっと悩んだ。

17　勤務中に酒が出る

> 　初めて生徒を引率して修学旅行に行ったとき、夕食後の引率教員打ち合わせで、公務中なのに酒が出たのには驚いた。公務中の飲酒はもってのほかである。慣例になっているのか、問題視する教員はいなかった。問題視する教員がいない場合、問題を指摘するのは勇気がいる。問題を指摘しなければ、公務中の飲酒を是認することになる。
>
> 　問題があっても是認する教員になるのか、それとも問題を改善するための行動を起こす教員になるのか、教員の姿勢が問われる。この姿勢は、教員を続けるベースになることを忘れてはならない。常識を疑うことを、放棄してはならない。

　教員になった4年目、はじめて中学校3年生の修学旅行に行った。夕食を食べ、風呂も済ませ、就寝時刻になったら、引率教員の打ち合わせをするという。翌日の旅程など、打ち合わせはしなければならないので、打ち合わせをすることには疑問を持たなかった。

　打ち合わせ会場に入って驚いた。夕食を食べたばかりなのに、テーブルにオードブルやビールなどが並んでいた。打ち合わせもしたが、飲食もした。そのときの打ち合わせの飲食代を払った記憶がない。旅館に出させたのだろうか、旅行業者が負担したのだろうか、旅館と旅行業者の両方で負担したのだろうか。教員の修学旅行に関わる経費は、受益者負担の考えから生徒に負担させていたと思う。ならば、生徒が飲食代を負担していたことも否定できない。

　生徒は旅館にいるので、教員の事務的な打ち合わせは短時間で済ませるべきである。用意された飲食物も必要だとは思わない。大規模校だったので、旅行業者の利益も大きいらしい。修学旅行が終わって学校に戻ったとき、旅行業者から土産の入った紙袋を手渡された。旅行業者は次回も請け負いたいので、教員を接待しているのは否定できない。旅行業者に大きなミスがなかったので、同一業者が何年も請け負っていた。しかし、他の業者とその教員との関係は不明だが、他の業者に変えるべきであると主張する教員もいた。はじめて修学旅行に行った学校が、その後も夜の打ち合わせで酒を伴う飲食していたかは分からない。慣例でも、改善していかなければならない。

　また、旅行業者は随意契約ではなく、入札にして、競争原理を導入すべきである。そして、修学旅行中の業務内容の見直し、生徒の経費負担の見直しも必要である。今は、教員の経費負担がどのようになっているか分からないが、受益者負担として生徒に被せるのはよくない。引率教員の経費は公務なので、100% 公費で払わなければならない。

第 **6** 章

教員時代のエピソードに学ぶ
— 34 年間の養護学校（特別支援学校）勤務から —

　筆者は、1 つの中学校と 3 つの養護学校（特別支援学校）に計 38 年間勤めた。退職後は、大学に 7 年間勤めた。ここでは 14 年間勤めた私立の養護学校（特別支援学校）を割愛し、20 年間勤めた国立と県立養護学校（特別支援学校）のエピソードをいくつか紹介する。

　教員を目指すうえでの動機付け、教員になってからのヒントになればありがたい。

1 管理職の影響が大きい

校長は学校運営の責任者として、人事（校内、校外）、予算、授業などの全ての教育活動の意思決定者であり、責任者である。学校の運営組織である校務分掌などからの提案を最終的に決裁するだけでなく、学校の課題を的確に把握して改善策を講じなければならない。校長の意思決定は、児童・生徒や教員の人生に決定的な影響をもたらす。校長はその責任の重さを自覚しなければならない。校長が意思決定するにあたっては、知見の裏付けが必要である。そのため、校長は学校で突出した研究業績がなければならない。

校長もさまざまである。校長の意思決定に納得できないときもある。納得できないからといっていじけては、自分が惨めになるだけである。そのときは、気持ちを切り替えて発奮し、仕事や研究に拍車をかけたい。それが、自分らしく生きる教員の道である。

筆者の 38 年間の学校教員生活では、10 人の校長に仕えた。10 人の校長はさまざまであった。校長の判断が、筆者の教育や人事を左右することを実感した。管理職（校長、副校長、教頭など）が、教員一人一人の人生に決定的な影響を与えるのは事実である。事例をいくつか紹介する。

（1） 美術作品展の開催をめぐって

最初の赴任校は中学校、その次は養護学校（知的障がい）だった。生徒が作った小さな楽焼の作品が地元の作家の目に留まり、地元の作家による美術小品展への出品を誘われた。力みのない、素朴で温かい作品に魅力を感じていたので、それを理解してもらうよい機会と考えた。

対外的に発表することになるので、学校の了解が必要である。そこで、職員会議で出品を提案した。教員からはあまり意見が出なかったが、教頭から危惧される意見が出された。普通は教頭が危惧すると、校長は教頭の考えを尊重する。しかし、そのときの校長は、筆者の提案に同意し、出品を認めた。

　教頭は地元に長く居住しているので、保護者とのつながりが深い。保護者の中には、家族に障がい者がいることをあまり知られたくない人もいることを知っていたので、児童・生徒の名前が社会に出ることを危惧していたと思われる。おそらく、そのことは事実だったと思う。危惧によって、現状を理解することができた。

　障がい者の展覧会の中には、名前をイニシャルにしたり、障がいの種類や程度まで書いているものもあった。今では信じられない。筆者は作者名をフルネームで表示した。

　その後、開校間もない養護学校の存在を知ってもらおうと学校展の開催を企画した。実施要項案を提案したら、了承された。筆者は、学校展の第1回から第3回くらいまで関わったが、その後も毎年継続され、今日まで50回近く開催されている。筆者が担当したときは、紹介する内容を毎年見直した。見学した児童・生徒が、何よりも喜んでくれた。保護者も足を運んでくれた。

　養護学校での陶芸作品や学校展を契機に、次の勤務校で本格的に障がい者の表現の在り方を探究することになった。校長が出品を同意しなければ、そうはならなかったと思う。校長の判断が筆者の教員生活を大きく左右したのは間違いない。

（2）　校内人事をめぐって

　教員の人事には、校内人事と校外人事（転勤）がある。校外人事は、調書で希望を毎年提出させられた。校内人事は希望を聞かれたときもあれば、そうでないときもあった。養護学校では基礎免許が中高だったので、小学部にならないことは理解していた。そのため、15年間勤務した附属養護学校では、中学部と高等部を行ったり来たりした。

　筆者が担当していた生徒について、国立の研究機関に所属する研究者と共同研究する話があった。共同研究するために、その生徒が在籍する学部を希望した。しかし、残念ながら、希望どおりにはならなかった。附属養護学校なので、なぜ研究を優先しなかったのか疑問が残った。校内人事全

体を見ても、あまり納得できなかった。もしも、共同研究できていれば、国内外の障がい児教育に少しは貢献できたのではと思っている。

　人事は全員が希望どおりになるとは思わないが、人事には理解と納得が欠かせない。共同研究できていれば、筆者の教員人生も変わったのではないかと思うと、人事権を握っている管理職の責任の重さを痛感した。

　管理職は中堅が抜けると、当時中堅だった筆者を後釜に据えることが多かった。そうすれば無難に学校は回ると思うが、疑問が残った。人事は教員一人一人のキャリアアップを見通しながら、研究や適材適所を的確に把握し、長期のビジョンを持って行わなければならない。管理職は、人事が教員一人一人の人生を握っていることを自覚しなければならない。

　筆者は不本意なから中学部と高等部を行き来したが、美術を中学部１年から高等部３年までの６年間を継続して担当することができたのは幸いであった。授業はどうしても、１コマ１コマや、１年を視野に行うことが多い。６年間担当して、初めて気づかされることがあった。教育は、長いスパンで考えることに大きな弱点があることを思い知らされた。２人の生徒の、土粘土による６年間の変化を紹介する[4]。

　図１のように、１コマでは変化に気づかないが、数年間ではその変化に驚かされる。１コマの授業に一喜一憂しないで、長いスパンで学びを捉えることが必要である。筆者は事例１の１年目が４年後に、事例２の１年目が６年後にこのような表現ができるようになることは想像できなかった。

　事例１の１年目は、何かを作らせなければならいと考え、安易に「顔を作りましょう」と指示した結果生まれた作品である。この１年目の作品を見ると、生徒なりに表現していると考える教員が多いと思われる。確かに、１年目に限定して考えると、そうともいえる。しかし、土粘土は可塑性に優れるので、施設や盲学校などの優れた実践に学びながら、大量の土粘土を準備した。さらに生徒が操作しやすい軟らかさを吟味し、道具類も発展的に準備し、できるだけ多くの回数実施した。事例１の２年目以降は、テーマを決めないで自由に取り組ませた。自由に取り組ませた結果、徐々に土粘土を意のままに操作するようになった。土粘土との触れ合いと

事例1

　　1年目　　　　　2年目　　　　　3年目　　　　　4年目

事例2

　1年目　　　2年目　　　3年目　　　4年目　　　5年目　　　6年目

図1　長年の変化

いう体験によって、心情に湧き上がったものを、ストレートに造形化したとしか思えない。4年目の作品の迫力には圧倒される。

　事例2は、1年目から自由に取り組ませた。事例2の1年目は、作品を作ることよりもヘラで刺したり、切ったりすることに興味を示した。2年目は、やや平面的なロボットを作る。3年目は、立体的なロボットを作る。4年目は、ロボットどうしを土粘土でつなげる。5年目は、横たわっている人を家族が取り囲んでいる（この後に屋根をつけたので、中の様子は見えなくなる）。6年目は、「ヘビの家」を作る。立体的な家にヘビが絡まる。6年間にこれだけ変化して、こんなに豊かな表現になるとは予想できなかった。特記すべきことは、何よりも、自信を持って、たくましく生活するようになったことである。

（3）　校外人事をめぐって

　校外人事とは、転勤である。同一校の勤務年数を決めて、その年数に達した教員を転勤させる教育委員会が少なくない。筆者の経験では、学校に慣れるまでに5〜6年はかかる。慣れて、自分を磨き、実力を発揮するためには10年は必要である。図1の変化も、6年間継続して授業を担当できたからである。図1は、筆者が赴任した6年目から14年目の実践である。図1が明らかになるのに、14年もかかったことになる。

　授業研究は、腰を据えて取り組まなければならない。5〜6年とか、最大10年とか、勤務年数だけで転勤させるべきではない。授業研究をあまりしないで、日々の授業や業務をこなすだけなら、短い期間で転勤を繰り返せばよい。重要なのは、学校はもちろん、教員一人一人がいかに授業研究を深めるかである。授業研究を深めるためには、所属する学校に何年勤めればよいか、どこの学校に勤めればよいかは教員一人一人異なるはずである。一律に、同一校の勤務年数を機械的に決められてはたまらない。そのためには、授業力を高めるための研究業績が問われる環境にならなければならない。

　市立中学校の美術教員で、教員生活がスタートした。その後、県立養護学校に赴任した。高校の美術教員の採用試験を受験したこともあって、県立養護学校に赴任後も、高校に転勤を希望した。校長が特別選考の候補者として推薦してくれたが、筆者が希望する地区の高校に美術教員の空きがなかった。そこで、校種を限定しなかったら、附属養護学校への転勤がすぐに決まった。附属養護学校に転勤してからは、地区の状況を考えると高校への転勤は難しいと思い、経験したことがある中学校の美術教員を希望した。

　そうしたら、自宅から通勤できる中学校に転勤する希望があるかを聞かれた。教育委員会の了解も得られそうだったので、荷物を整理して転勤に備えた。筆者は中学校に転勤できるものと思っていたが、年度末が近づいても校長から報告はなかった。後日分かったことは、校長が副校長に対して、交換予定の中学校教員を調査させたようである。その結果、交換予定

の教員と筆者を比較して、筆者を転勤させるのは大学および学校の損失と考えたようである。そのため、交換人事は断ったと聞いた。

　中学校で心機一転がんばろうと思っていたので、中学校に転勤できなかったのはショックだった。しかし、希望が叶わなかったからといって落ち込むのは惨めだと思ったので、残されてよかったと思える教員生活を送らなければと気持ちを切り替えた。

　希望が叶って中学校の美術教員になったらどのような教員人生になったかは分からないが、その後の障がい児に関わる授業実践や研究が自分にとってかけがえのないものになったのは確かである。ノートルダム清心学園理事長を務めた渡辺和子の名著『置かれた場所で咲きなさい』は、自分が置かれた環境で、前向きに、全身全霊で、ベストを尽くすことを説いている。

　生まれるのも偶然だし、どこの学校に採用され、どこの学校に転勤するかも自分の力は及ばない。よって、教員一人一人には勤務している学校でどのように取り組むかが問われる。勤務環境は改善していかなければならないが、教育委員会や管理職の人事のせいにしても解決しない。

　居心地のよい職場にいれば、授業力や研究が高まる保証はない。居心地のよさに甘んじてズルズルと過ごしてしまい、気がついたら特段何もしていなかったということはありえる。逆に、居心地が悪かったり、管理職などに恵まれないと、発奮して授業や研究に馬力がかかるかもしれない。反面教師という言葉がある。反面教師という言葉は中国由来で、悪いお手本という意味である。反対の言葉は正面教師で良いお手本の意味がある。反面教師は、教員として難のある人のようにはならないという意味で使われる。

　自分の授業や研究は他から学びながら、自分で高めていくしかない。結局、道は自分で切り拓いていくしかない。その過程こそ教員の魅力であり、その過程でこそ教員冥利を実感することができる。要は、いかに自分らしく生きるかである。

（4）　進路指導の交通手段をめぐって

　進路指導を担当すると、職場実習、職場開拓、アフターケアーなどで職場などを頻繁に訪問しなければならない。一人でも多く就職させたいが、職業安定所（ハロー・ワーク）に求人票が来ることはないに等しかった。そこで、職場開拓のために、採用実績のある会社はもちろん、知人の会社、見知らぬ会社などをなりふりかわずに訪問した。飛び込み営業そのものである。やんわりと断られたことは数知れない。自家用車でなければ動けない。

　せっかく就職してもうまく適応できないと、会社や保護者から連絡がくることもあった。そのために、いっしょに働いて力づけるために、長靴と作業服はいつも車に積んでいた。これも、自家用車でなければ動けない。

　真冬に郊外の会社を訪問したのはよいが、激しい雪のため、前輪駆動車でスパイクタイヤだったのに会社近くの坂を登れなかった。どんどん降り積もる雪を掻き分けて、チェーンを付けてなんとか脱出することができた。進路指導主事の仕事は、孤独といえば孤独である。しかし、一人でも多く就職させたい、就職できたからには定着させたいという思いが、筆者を支えた。

　職場開拓では、学校の頼みだから、先生の頼みだから、助成金をもらえるから、義務だから、などでは採用しないように念を押した。仕事は遅いが確実である、会社の雰囲気に好影響をもたらしてくれるなど、本人のよさに惚れ、よさが評価できるなら採用してほしいとお願いした。でないと、定着が難しいからである。

　就職そのものが難しい、就職しても定着が難しいのではと思っていた卒業生の中には、健常者並みかそれ以上の仕事ぶりに感心させられる人もいる。本人の努力が一番であるが、家族や会社の環境がそこまで成長させたのである。人間は誰にでも、秘めた可能性があることを教えられた。

　会社訪問では、真っ先に卒業生に会って褒め、励ました。苦労をかけている従業員に感謝を伝えた。そして、最後に経営者に会って情報交換した。

　進路指導担当といっても、授業をしなければならない。会議にも出なければならない。外に出るにしても、2時間くらい確保できる会議のない日が週に1～2回あるかどうかだった。

　地方は公共の交通機関が整備されていないので、自家用車で職場を訪問していた。ところが、管理職から自家用車の使用を突然禁止された。学校に公用車はなかったので、公共の交通機関か大学の車両を使うように指示された。

　地方なので、大学教員は公務があるときは自家用車を使うことが多い。勤務していた附属学校でも、管内の養護学校で研究会が開かれるときは、みんなが自家用車で出かけていた。大学として、一律に自家用車の使用を禁止するなら理解できる。進路指導のみ自家用車の使用を許可しないのは容認できなかったが、上司の命令に従うしかなかった。

　当時の大学は運転手が辞めると補充しなかったので、車庫にはいつも教員用の車があった。確認したら、「事前に申し込む」「使った後は使用記録簿に記入する」「使用後は毎回洗車する」ことが求められた。よって、大学の車両を借りる場合は、例えば、「学校 — 徒歩 — 大学の車庫 — 職場 — 洗車 — 記録簿記入 — 徒歩 — 学校」になる。これを2時間くらいで終えなければならない。しかも、大学の車庫が閉まる午後5時までには完了しなけれなならない。とても現実的ではないので、遠距離以外は使用を止めた。

　では、公共の交通機関はどうだったか。基本的には、バスを利用することになる。「学校 — 徒歩 — バス停 — バス — 乗り換え — バス — バス停 — 徒歩 — 職場 — 徒歩 — バス停 — バス — 乗り換え — バス — バス停 — 徒歩 — 学校」になる。学校からバス停は近かったが、職場から最寄りのバス停は離れているところが多かった。地方なのでバスの本数が少ない。どこへ行くにも時間がかかった。自家用車で15分くらいの場所に行くのに、1時間余りかかった。とても、やっていられなかった。というよりも、無理だった。空き時間が2時間あっても、往復するだけで時間が足りなくなる。

　以上から、大学の車両を使うことも、公共の交通機関を使うのも現実的ではない。自転車を使う方が、よほど効率的な場合もある。例えば、自家用車で15分くらいの場所なら、自転車で45分くらいなので、往復で1時間半かかる。空き時間が2時間あれば、職場の担当者と30分くらい面談することができる。ある日、職場の担当者に自転車で来たことがバレた。同情されたというより、呆れられた。自転車をこぎながら、涙が出てきた。

　状況を知った保護者の中には、軽自動車を学校に寄附したいと申し出る人がいた。ところが、保険や自動車税などに維持費がかかるので、大学として新規車両は認めないと言われた。

　自家用車の使用を禁止した管理職は、高等部の経験も、進路指導主事の経験もなかった。自家用車も所持していなかった。おそらく、頭の中だけで考えたのだと思う。ただ、当時の県は公務で自家用車を使うことを原則禁止していたが、条件付きで許可していた。条件は、「免許取得後○年以上経過」「1日に運転できる距離は○○km以内」などである。「○○円以上の任意保険に加入」もあった気がする。

　附属学校も、県を参考に条件付で自家用車の使用を許可できたと思うが、万一事故が起きたときに許可した責任が及ぶことを回避したかったのだろう。筆者の後任の進路指導主事からは、自家用車の使用が復活した。管理職は、児童・生徒や教員のために最良の判断をしているとの自負を持っていると思う。しかし、現実は「事なかれ主義」がないとは言い切れない。児童・生徒や部下の教員のために、腹をくくることができる管理職であるかが問われる。効率の悪い進路指導を強いるか否かは、管理職の判断による。管理職の判断の影響の大きさを痛感した。

2　美術展に批判が寄せられる

　教員もさまざまである。教育観などが似ている人もいれば、異なる人もいる。気が合う人もいれば、合わない人もいる。自分の実践や研究を評価する人もいれば、そうでない人もいる。

　自分の考えに賛成する人しかいない学校はよくない。人間は褒められると気持ちよいが、批判されると気持ちよくない。しかし、さまざまな意見によって、自分の授業や研究の長所や課題が照らされる。うなずける意見は採用すればよい。まったく納得できない意見は放っておけばよい。気になる意見は保留し、じっくり考えればよい。

　多様な意見が、率直かつ正々堂々と活発に出される学校を目指さなければならない。そのような教員集団でこそ、互いに成長することができる。

　美術展の開催では、同僚から批判が寄せられた。まず、作品の選定に関してである。批判の主旨は、「どの作品もかけがえのないものなのに、なぜ、選ぶのか」「作品を選ぶ基準は何なのか」などだったと思う。確かに、どの作品もかけがえのないものである。しかし、作品の全てが個性が開花した作品になるとはかぎらない。自分の制作経験からも、よくできたと思う作品もあれば、全然ダメだと思う作品もある。授業で生まれる作品は、教員の授業力とも関連する。教員は全ての児童・生徒に個性を開花させられる授業力が求められるが、そのような教員はまずいない。題材、教員の授業力、そのときの児童・生徒の調子などが左右するので、個性の開花にばらつきがあるのは避けられない。

　作品の選定基準は数値化できないし、言語化にも限界がある。選考基準は、児童・生徒の個性が開花した作品、心情豊かな作品としか言えない。抽象的と言えば、抽象的である。基準は、感覚的な世界である。

　美術館の企画展は、学芸員が展覧会のテーマに基づいて展示作品を決める。公募展は審査員が入選・入賞作品を決める。審査員が変われば、入選・入賞作品が変わることもありえる。だから、作品の選定に責任を持つ

ために、審査員を公表しなければならない。施設によっては、内部で選ばずに、外部の学芸員に委ねているところもある。

　作品の選定は簡単ではない。展覧会を積み重ねたり、外部に選定委員を依頼したりして、選定眼を養っていくしかない。個性の開花や、心情の豊かさを度外視して、児童・生徒全員の作品を同じ点数だけ展示することは可能である。それでは何のコンセプトもない展覧会になる。悪しき平等主義である。

　次は、筆者に対する批判である。展覧会を重ねると、マスコミもしだいに関心を寄せてきた。テレビで放送されたり、新聞に掲載されることも増えた。そんな中、売名行為であると批判している教員がいることを知った。教員にはいろいろな人がいるので、売名に走る教員がいるのかもしれない。展覧会のタイトルを「豊かな心情の世界」にしたことからも分かるように、能力が低いと思われがちな知的に障がいがある児童・生徒には、実は健常者がかなわない「豊かな心情」があることを作品を通して理解してほしかった。そして、この「豊かな心情」こそ、我々が大事にしなければならないのではと思っていた。取材する側は作品の紹介のみならず、当事者である児童・生徒本人、関係する教員、保護者などに取材するのは当然である。取材を受けたからといって、売名行為と非難されるのは心外であった。周囲の教員に言っていたことを知ったが、筆者本人に直接言ってほしかった。

　東北管内で放送されている30分間のテレビ対談番組に、ゲスト出演の依頼があった。主役は児童・生徒なので、作品を紹介できるならと条件を付けた。そうしたら紹介するというので、出演を引き受けた。

　放送収録日の夜、仙台で展覧会の開催を打診された。本来は学校に持ち帰って、校長の決裁を得るべきだが、筆者はその場で了承した。校長を説得する自信があったし、説得できなければ辞退すればよいと考えた。幸い、校長の承諾も得られ、開催にこぎつけた。児童・生徒と保護者は、青森から仙台まで貸切バスでかけつけてくれた。自分の作品を見つけて興奮している児童・生徒の姿が忘れられない。保護者も喜んでくれた。何より

も、児童・生徒に自信が育まれたことが伝わってきた。

　作品の選定に関する疑問、売名行為であるとの批判などは、立ち止まって考えることができるので無視できない。疑問や批判で中止するなら、筆者の意思が大したことがないということである。疑問や批判で中止する程度のものなら、最初から計画しなければよい。筆者は、疑問や批判によって、信念が揺るぎないものになった。

3　児童・生徒が教育を受ける場について考えさせられる

　授業は、自分が得意とする科目だけ担当させられるとはかぎらない。得意とする科目は、授業力をいっそう磨いていかなければならない。得意でない科目は、必死になって授業力を身に付けていかなければならない。授業力を身に付けることによって、教員は成長できる。

　児童・生徒の教育を受ける場は、普通学級、特別支援学校、特別支援学級、通級学級、訪問教育などが考えられる。どの場で教育を受けるかは、児童・生徒の人生を大きく左右する。そのため、就学指導委員会の役割はとても重い。また、全てを就学指導委員会のせいにしてはならない。

　児童・生徒の実態や学びなどの状況に合わせて、授業の当事者である教員は児童・生徒に最適な環境を常に考えなければならない。そのためには、一度決まったことを変更できないと考えるのではなく、児童・生徒のために柔軟に考えなければならない。

　勤務2校目の養護学校は、知的障がいを対象にした地区で唯一の養護学校だった。しかも、在籍する児童・生徒は隣接する施設に入所していたので、通学生は一人もいなかった。学校に、寄宿舎はなかった。

　全ての児童・生徒に、義務教育を受けさせなければならない。1947年に盲・聾・養護学校への就学が義務化されたが、重度の障がいがある場合は就学猶予・就学免除の措置がとられていたので、重度障がい児の中には教育を受けられない人がいた。それから32年後の1979年に就学猶予・就学免除が廃止されたので、義務化が実現した。しかし、通学が困難な児童・

生徒には教員が週2回程度、家庭や医療機関を訪問して教育を行う訪問教育が実施された。

まったく教育を受けられなかったことを考えると、週2回程度でも教育を受けられるようになったのは前進である。しかし、通学できる児童・生徒は月曜日から土曜日まで、仲間や教員がいる学校という集団の中で毎日教育を受けられる。一方、訪問教育対象の児童・生徒は、1回2時間程度の授業を週2回程度しか受けられない、原則として教員と児童・生徒のマンツーマンなので集団での学習ができないなどの課題がある。課題の多い訪問教育が開始されてから45年も経過するのに、全国でいまだに訪問教育が行われているのは信じられない。

訪問すると保護者は気を遣い、学習が終わると茶菓子を出してくれた。とても恐縮した。近くに保護者がいるので、毎回参観授業のようだった。担当した2人の児童は発語に難があるため、コニュニケーションのために文字盤を作った。担当してから50年近く経つが、いまだに文字盤が役に立っていると聞いてうれしかった。

勤務していた学校は、知的障がいの養護学校だった。しかし、訪問教育で担当した2人の児童には重度の肢体不自由があった。肢体不自由児を担当するのは初めてだったので、戸惑った。肢体不自由児教育に対する知見のなさを恥じた。申し訳なかった。

幸い、肢体不自由養護学校に勤務経験のある同僚がいたので、アドバイスを得ることができた。肢体不自由児施設を、本人と保護者にも呼びかけていっしょに訪問した。また、別の肢体不自由児施設では、理学療法士による訓練を見学することができた。同時に、日々の生活で配慮しなければならないアドバイスをいただいた。この2つの肢体不自由児施設の訪問から、多くのことを学んだ。訪問教育を行っていた一人の児童は、その後、その施設に入所した。

また、健常者よりも広い交友関係を築き、語学も堪能で、小説も書いている重度の障がい者がいることを知った。そこで、この人の生き方が参考かつ刺激になればと思って、児童と保護者を誘って訪問した。何よりも、

筆者が一番刺激を受けた。

　担当した2人の訪問教育対象の児童は、肢体に重度の障がいがあったが、知的障がいはあまり感じなかった。児童と教員のマンツーマンに限界を感じていた。そこで、筆者に就学前の子ども（長女）がいたので、勝手に同行させたことがある。児童と教員のマンツーマンと違って、いっしょに学んだり、遊んだりしたことがお互い楽しかったようである。人は、集団の中でこそ育つことを実感した。

　長女にとっても、幼い頃から障がい児と接したので、その後も障がい児とは自然に接している。障がいがある人という見方は、まったくないと思う。今は、インクルーシブ（障がいなどの属性で分離しないこと）、多様性尊重（ダイバーシティ）の時代である。訪問教育や通級教室などで分離することは、再考しなければならない。

　訪問教育を担当していたとき、1人の保護者から通学の申し出があった。自営のために送迎が可能なので、訪問ではなく通学に変更してもらえないかと。児童の実態からしても、当然の要求だと思った。そこで、管理職に相談した。1人の管理職は学校には傾斜路もなく、肢体不自由児を想定していないからと、あまり賛成ではなかった。就学指導委員会は保護者の希望を聞いていると思うが、どのような理由で訪問教育が妥当と判断したのかが分らない。傾斜路は木材で簡単に造ることができる。傾斜路がなくても、教員が車椅子を持ち上げればよい。

　もう1人の管理職と相談し、段階的に取り組むことにした。まず、自宅で行っていた授業（訪問教育）を、学校で行うことにした。そして、週の回数を増やした。その結果、毎日通学しても問題がないことが教員間で共有できたので、毎日の通学にした。毎日の授業はとても楽しかったようで、笑顔が絶えなかった。仲間との交流も進んだ。毎日の通学にして、よかったことを実感した。この児童は、間もなく肢体不自由児施設に入所し、隣接する肢体不自由養護学校に転校した。

　訪問教育だと、児童と教員によるマンツーマンの授業を、1回2時間くらい、週2回の計4時間くらいしか授業を受けられない。一方、毎日の通

学によって、集団の中で、週30時間くらい授業を受けられる。この違い
は大きい。それにしても、就学指導委員会の決定の重さに伴う、就学指導
の在り方を考えさせられた。教育行政や教育が、一人一人の人生や家族に
決定的な影響を与えることを自覚しなければならない。そして、限りなく
最良の教育を提供しなければならないと思った。

4　管理職になることへの不安に襲われる

　教員に採用された1年目から管理職を目指す人がいるかもしれないが、大半
の教員は考えていないと思われる。今は、教員経験のない民間人が校長になる
時代である。40歳前に校長になった人もいるが、大半の教員はもっと遅くなっ
てから教頭を経て校長になる。

　校長は文部科学省や教育委員会の方針の下に学校運営をするが、どんなに優
秀な校長でも、校長の知見だけで学校運営できる時代ではない。外部の意見を
聴きながら学校運営しなければならない。学校運営に関する外部視点の導入は、
今後拡大していくと思われる。

　学校運営に外部の意見を反映させる制度は、2000年から始まった「学校評
議員」と2004年から始まった「学校運営協議会」がある。「学校評議員」は、
よりよい学校、地域に開かれた学校づくりを目指して、校長が学校評議員を推
薦し、校長の求めに応じて個人として意見を述べる制度である。評議員に学校
運営の責任はない。一方、「学校運営協議会」は地域と学校が協同で学校を創
るもので、教育委員会などが任命する、有識者による合議制機関である。学校
運営の基本的な方針を承認したり、要望を出したりする。人事についての意見
も出せる。決定には拘束力がある。

　今や、意見を言うだけの「学校評議員」ではなく、学校運営に参画する「学
校運営協議会」を全ての学校に設置すべきである。無論、人選は重要だし、積
極的な議論が展開される運営も求められる。

　教員になった当初は考えていなくても、ある程度の年齢になったら管理職試
験を受験するか否かの判断を迫られるので、考えておかなければならない。か
といって、管理職試験の過去問をひたすら勉強する必要はない。そのような時
間があったら、授業力向上のための研究にその時間を充てたい。

　筆者が勤務していた附属養護学校には小学部、中学部、高等部の3学部あって、校長、副校長（教頭）、学部主事（小学部、中学部、高等部）の5人の管理職がいた。学部主事とは、学部主任のことである。

　38歳で中学部主事に任命された。60歳定年までの22年間、管理職を務めることになった。特別活動部、進路指導部、生徒指導部などの部長になったときはあまり感じなかったが、このときは、学部のことに関して最終的な判断をしなければならない責任の大きさに震えた。そこで、信頼していた学部主事の一人に、学部主事として心がけなければならないことを尋ねた。そうしたら「あなたなら、大丈夫だ」と、具体的なアドバイスはもらえなかった。「それでも何かあるでしょう」と言いたかったが、それ以上は言えなかった。

　組織における管理職は、権力を傘にして、部下に命令すべきではない。組織の問題を解決するために、所属する教員の意見を引き出して話し合い、皆が理解して納得できる結論にしなけらばならない。また、必要があれば資料を作成して、問題提起もしなければならない。全てを教員に任せたり、管理職がやるべき業務を他の教員にやらせるのもよくない。管理職には組織を運営する能力も求められるが、授業、生徒や保護者へ対応、対外的なことなどに対するスーパーバイザー（SV）でなければならない。教員が相談した場合、「なるほど」と納得できるアドバイスができるかが問われる。

　学部主事のとき、県の教頭試験を受験するように勧められた。そもそも校長や教頭になる気は毛頭なかったので、受験は眼中になかった。念のために、尊敬していた前任校の校長にアドバイスを求めた。そうしたら、自分が考える教育をするためには校長になったほうがよい。そのためには、教頭試験を受けたほうよいと言われた。結局、そのアドバイスを信じて、何回か受験した。

　出世志向の強い教員がいるのは否定できない。そのような教員は、授業力の向上よりも校長になることが目的化する。校長は教員集団の力を引き出しながら、教員一人一人の授業力を高め、児童・生徒一人一人の個性や

能力を最大限に引き出さなければならない。これが、校長に求められる能力である。この能力に秀^{ひい}でている人から順番に校長になればよいのだが、現状は能力に疑問がつく校長がいることも否定できない。同時に、優れた能力があるのになぜ校長ではないのかと思う教員もいる。

　残念ながら、教員を指導できるための優れた能力がなくても、校長が務まるのは否定できない。何人もの校長に仕えた体験からも、校長の能力はさまざまである。「研究業績＝校長に求められる能力」ではないが、研究業績が教員としての能力と密接に関連していることは否定できない。

　校長の研究業績を調べると、これといった研究業績のない人が多い。校長に限らず、CiNii Resarch でヒットする教員の少なさに愕然とする。CiNii Resarch は国立情報学研究所が無料で公開しているデータベースで、国内で発行された論文・本・研究データなどを検索することができる。CiNii はサイニィと読む。CiNii は Citation Information by National institute of informatics の略である。ヒットの少なさは、教員の研究が低調な表れである。根拠を持って学校経営や授業をするためには、そのベースになる研究業績が欠かせない。また、地方公共団体の教育長は、なぜか校長経験者が多い。地方公共団体の教育をリードし、地方公共団体の教育に責任を持つ教育長ですら、CiNii Resarch でヒットするのはまれである。校長や教育長は、地方公共団体の教育行政や学校運営に精通しているにこしたことはない。しかし一番求められるのは、児童・生徒の学びを深めるための授業力と、そのためのリーダーシップである。授業力とは、教育方法学に関わる理論的・実践的知見である。理論的・実践的知見を裏付ける研究業績なくして、校長や教育長、指導主事は務まらない。

5　生徒を叱って後悔する

　児童・生徒を褒めるのも、叱るのも難しい。前提に、児童・生徒と教員に信頼関係がなければならない。信頼関係は、一朝一夕にはできない。なぜ褒められたのか、なぜ叱られたのかが児童・生徒に理解されなければならない。でなければ、褒められたことや叱られたことが心に残らず、空回りする。

　また、教員は児童・生徒の上の立場に立ちがちだが、同じ位置に立たなければならない。同じ位置に立つということは、児童・生徒の問題を他人事でなく、自分の問題として親身に考えることができるということである。

　褒めたり、叱ったりすること自体は、一過性の出来事である。しかし、褒めたり、叱ったりした場合は原因がある。原因を冷静に考えなければならない。また、褒めて終わりでも、叱って終わりでもない。褒めたり、叱ったりしたことが、その後の言動にプラスになるように関わり続けなければならない。

　児童・生徒を叱ることが良いか悪いかと問われれば、叱らないほうが良いに決まっている。むろん、叱ることの定義が必要である。児童・生徒の良い言動は、褒めなければならない。望ましくない言動は、児童・生徒に気づかせて改善に繋げなければならない。教員が過剰に反応しないで、見て見ぬ振りすることが必要な場合もある。むろん、危険な言動は間髪入れずに静止しなければならない。問題は、叱り方である。児童・生徒の言動の改善につながる叱り方が求められる。児童・生徒が望ましくない言動をとったときには、そのことに気づかせなければならない。まず、児童・生徒と教員の信頼関係ができているかが重要になる。児童・生徒に同じ対応をしても、信頼関係の有無や強弱によって、児童・生徒の受け止め方が違ってくる。体罰はもちろん、教員が感情的になってもいけない。必要以上に叱ってもいけない。必要以上に叱ることによって、叱られたことは記憶していても、なぜ叱られたかが理解できないのは困る。

　あるとき、生徒が物を壊したので強く叱った。そうしたら、その翌日の朝、登校に付き添ってきた施設の指導員から、「先生、昨日叱ったでしょ

う」と言われた。叱られた日、施設に戻ってから暴れたらしい。その後、物を壊したのは、喘息で体調が悪かったことを知る。原因を分かろうとしないで、物を壊したという現象だけで叱ったのである。この後は、この生徒の体調に留意するようになった。そして、興味あるものに取り組ませるようにして、物を壊すことが起こらないように心がけた。叱ったことで、生徒に気づかされた。生徒から学んだ。

　田村一二（障がい児教育の先駆者。大津石山学園や滋賀県立近江学園の設立者、寮長。映画化された著書も多い。糸賀一雄、池田太郎らとともに、福祉の基礎を築く）は著書で、特別学級の生徒に対して人間扱いしなかったことを赤裸々に書いている。そして、特別学級の生徒にいくらひどい仕打ちをしても、自分を慕って寄ってくるという。健常者なら、根に持って絶対に寄ってこないのにと。ひどい仕打ちをしても慕ってくる特別学級の生徒から、教育の在り方や障がい児との接し方を開眼させられる。ひどい仕打ちをしても慕ってくる特別学級の生徒が、田村一二にとって教育・福祉のターニングポイント（分岐点）になったのである。

　褒めることも、叱ることも、児童・生徒の心に響かなかなければ意味がない。児童・生徒の心に響く褒め方、叱り方は簡単ではない。学び続けるしかない。児童・生徒と心のキャッチボールができる教員を目指さなければならない。

6　クラス担任が2人いる

　教員にかぎらず、1人でやると自分の思いどおりになるのでやりやすい。しかし、重要なことは、やりやすさややりにくさではない。
　人間は、集団の中でこそ育つと言われている。自分にない考えから学ぶということである。複数担任の場合は否応なく話し合わなければならないが、担任が1人か複数かにかかわらず、同僚や先人から学ばなければならない。

　中学校に勤務したときは、担任が1人だった。ところが、養護学校は

男性教員と女性教員の2人担任が多い。重度重複学級では、男性教員2人と女性教員1人の3人で担任したこともあった。中学校で担任が1人のときは、全て自分の判断でできる。責任も1人で負うことになる。1人担任は自分で自由にできるが、学級王国になるリスクがある。養護学校は2人担任が多いので、話し合って学級経営することになる。1人で自由にできないので、一見不自由である。教員も人間なので、気が合う人もいるが、そうでない人もいる。しかし、大事なことは共同で学級経営することなので、話し合うことが重要である。考えが一致するものもあれば、一致しないものもある。一致しないものは、話し合うことによって互いの考えに理解を深めることができた。結果的に、2人の担任がそれぞれの考えを広げることができたと思っている。

　クラスには、男子の児童・生徒と女子の児童・生徒がいる。養護学校なので、トイレ、着替え、入浴などの身辺自立ができていない生徒もいる。トイレ、着替え、入浴は同性でなければならない。養護学校は担任1人では難しいので、原則として男性教員と女性教員の2人担任になっている学校が多い。小学校や中学校も、本来は男性教員と女性教員の2人担任が望ましい。

　また、養護学校は2人担任が多いので、中学校のときよりも年休を取得しやすかったのは否定できない。むろん、1人で担当している授業、複数で担当している授業で責任者（T1）をしている授業は取得しにくかった。中学校で年休や出張で授業できないときは、補欠の教員が充てられる。中学校の教員は空き時間が少ない。その少ない空き時間に補欠をお願いするのは心苦しかった。年休や出張の教員からは、課題を示されることが多い。中学生は自習ができるので、年休や出張の教員から指示された課題に取り組ませることになる。補欠の教員は、生徒が騒いで隣のクラスの授業の妨げになったり、ケガしたりしないように監督しなければならない。中学生は自習ができるので、補欠の教室で教員がデスクワークすることは可能だった。

　しかし、自習の課題を課しても、実際の授業のようにはいかない。補欠

で自習を余儀なくされる生徒は、不利益になる。大学は教員が講義できないときは、休講になる。休講しても必ず補講しなければならないので、学生の不利益にはならない。学校は大学のように休講できたり、補講できる体制にはなっていない。年休や出張で授業ができないと児童・生徒の不利益になるので、よほどのことがない限り休めない。自分の子どもが病気のときは待ったなしなので、休まなければならない。しかし、筆者の場合は配偶者が子どもを見ていたので、慶弔休暇や体調がよほど悪いとき以外はほとんど休まなかった。というよりも、不利益を被る生徒のことを考えると休めなかった。年休の取得率は極めて低かった。年休の取得は教員の権利なので、生徒に不利益をもたらさない形で、安心して取得できる体制にしなけらばならない。年休の取得については、別項で触れる。

7　全教科を受け持つ

　小学校の中には、音楽や図工などの実技系教科を担任以外が担当する専科制を導入しているところもあるが、担任が全ての教科を担当しているところが多い。養護学校（特別支援学校）も、基本的には同じである。
　所持している教員免許状の教科に関係なく、担当する授業は徹底的に教材研究したうえで、授業構想をどこまで深めることができるかにかかっている。所持している教員免許状の教科もあぐらをかいてはいられない。

　中学校に勤務していたときは、教員免許状を所持している美術と、クラブ活動、ホームルームを担当した。ところが、養護学校では、原則として、全ての授業を担当しなけらばならない。
　例えば、知的障がいを有する中学部の教育課程は、「国語、社会、数学、理科、音楽、美術、保健体育、技術家庭、外国語、その他特に必要な教科」の教科別の指導、「道徳、特別活動、自立活動」の領域別指導、「日常生活の指導、遊びの指導、生活単元学習、作業学習」などの教科・領域を合わせた指導、総合的な学習の指導、で構成される。筆者が勤務してい

たときとは、養護・訓練などもあったので少し変化している。養護学校の教育課程は小中学校とは違い、学校ごとに違いがある。

　養護学校赴任の1年目に、授業公開があった。主担任の女性教員から、家庭科の洗濯を題材にしたいとの提案があった。中学校で美術を教えた経験しかなかったので、戸惑いがあった。いずれにしても、時間割の全ての授業を担当しなければならないので、了解した。主担任と打ち合わせして、なんとかサブティーチャーの役割を果たすことができた。中学校や高校は原則として特定の教科のみ担当すればよいが、小学校や養護学校は基本的に全ての授業を担当しなければならない。養護学校や小学校教員の苦労を思い知る。

　養護学校の右も左も分からない中で、同僚に学びながら、夢中になって過ごした。当時は、養護学校の教員免許状を取得していない教員が多かった。養護学校の教員免許状を取得していなくても、小中高の免許状を所持していれば養護学校に勤務することができた。文部科学省が養護学校教員免許状の取得を推進してきたため、現在は大半（約87%）の教員が特別支援学校の教員免許状を取得している。特別支援学校の教員免許状を取得していない場合は、放送大学や通信教育などで簡単に取得することができる。幼小中高のいずれかの普通免許状を所持して、3年以上在職していれば、特別支援学校教員免許状に必要な6単位を最短半年で修得できる。筆者は、夏休み期間中に大学で開講された認定講習を受講して養護学校教員免許状を取得した。その後に勤務した私立養護学校では、条件を満たす教員全員に養護学校教員免許状に必要な単位を放送大学で修得することを勧めた。

　特別支援学校教員免許状を所持していないのに特別支援学校に採用されたら、4年目に取得すればよい。取得後は、ずっと特別支援学校に勤務してもよい。幼小中高に転勤しても、特別支援学校での経験は必ず生かされる。

8　散歩する

> 　日本の教育が机上の学習に偏重しているのは否定できない。人間も自然の一部である。自然との関わり抜きに生きることはできない。
> 　常識と思われている授業内容や授業場所なども、見直しが必要である。

　養護学校で重度重複学級を複数の教員で担任したとき、主担任が児童・生徒をよく散歩に連れて行った。筆者もいっしょについていった。中学校教員のアクが抜けていなかったので、最初は「なんで散歩なの？」という疑問があった。しかし、障がいが重度かつ重複しているので、健常児のような机上での学習は困難だった。むろん、仲間と遊んだりすることも難しかった。

　実際に里山をいっしょに歩いていくと、少し長い距離をニコニコしながら歩く。道に傾斜もあるので、自然によい運動ができた。季節によって気温も違うし、天候も違う。空気に匂いもある。動物に出会うこともある。季節の草花にも出会える。風や日差しも感じることができる。

　子育てを経験したことなら誰でも分かるが、子どもは誰でも外が好きである。無理に教室に閉じ込めて、教員が持っている授業のイメージにとらわれることはない。児童・生徒の実態や興味・関心を大事にしなければならないという、あたりまえのことの大切さを教えられた。また、少し遠くには砂浜の海岸があり、海は遠浅だった。みんなで出かけたこともある。都会の学校はグランドが舗装されたりなど、自然環境と縁遠い学校が多い。

　森の学校ができてきているように、自然から学ぶことは多い。運動も、人工的な体育館やグランドでしかできないことはない。ビオトープのようなミニチュアを作っても始まらない。学校は、自然豊かな広い校地に造らなければならない。同時に、学校の近くの自然環境は最大限に利用しなければならない。掌握が容易という理由で、児童・生徒を校地、校舎、教室

に閉じ込めてはならない。

9　授業を記録する

　授業記録は重要であるが、続けるのは容易でない。記録の方法を工夫して、強い意志を持って続けるしかない。続けるためには、記録することを授業者の義務と考えられるかにかかっている。

　記録の方法は、手書き、パソコン入力、写真、録画などがある。今はパソコンの音声入力のスピードや精度も上がっている。音声の文字化も、自動で簡単にできるようになった。

　せっかく記録しても、生かさなければ意味がない。評価やレポートなどに活用すべきである。記録がなければ、活用できない。授業の見直しもできない。記録に基づかないレポートは作文になるので説得力がない。記録を確実に続けることができる教員を目指したい。

　授業を記録することの重要性は、教員の誰しもが認める。しかし、やらなければならないことが多いので、そちらを優先して、授業記録が後回しになっているのは否定できない。担当する教科が多かったり、授業を受ける児童・生徒の人数が多いとなおさらである。そこで、担当している全ての授業を詳細に記録することは困難なので、詳細に記録する教科や題材を絞らなければならない。そして、その他の授業は簡単に記録する。それでも、記録は義務ではないので、記録を継続するには相当な覚悟と根気がなければならない。

　授業記録は文字中心に行われる。映像（スチール写真や動画）や音声が使われることもある。美術の作品は非言語なので、写真で残す必要がある。作品は授業後に撮影すればよい。授業中は児童・生徒にアドバイスしたり、材料の準備などもあるので、制作過程を写真記録するのは難しい。特に土粘土を採り上げたときは教員も土粘土に触って手が汚れるので、カメラを持ってシャッターを押すのは難しいと考えていた。

　ところが、滋賀県の重症心身障害児療育施設で粘土室の活動を参観させ

てもらったら、担当職員がカメラで写真撮影していることに驚かされた。土粘土を口にくわえる人もいれば、土粘土を壁や窓に向かって投げる人もいた。土粘土を口にくわえた場合は、担当の職員が窒息しないように時々指でかき出していた。そのような状況なのにである。この参観で、写真撮影をするかは担当者の意志で決まることを実感した。撮影しようと思えば、撮影できると。

　参観後は、努めて写真撮影をした。土粘土の授業は、最初に土粘土を生徒に渡したり、作品が完成したら受け取って次の土粘土を渡さなければならないが、活動に夢中になっているときは見守るしかない。この見守っている時間に、写真を撮影することができる。生徒が土粘土の活動に夢中になっているうえに、筆者がそばにいてもあまり気になる存在ではないと思われるので、カメラを構えてシャッターを押しても活動のじゃまにはならなかったと思われる。もちろん、近距離での撮影はじゃまになるので、望遠レンズを使って少しでも離れた場所から撮影するように心がけた。制作中の写真は、『豊かな心情の世界 ― 土粘土による制作過程と作品 ―』5) として、まとめることができた。制作過程をまとめた、貴重な資料になったと自負している。

　なお、全ての作品を写真撮影し、個人別のアルバムにした。その結果、変化が一目瞭然になった。平面作品は左右に光源を配置し、効率よく撮影することができた。ただし、土粘土作品は大小もあるし、作品の特徴がよく出るアングルや光源の位置も異なる。そのため、1点撮影するたびに、カメラや光源を移動しなければならないので時間がかかった。ふだんはできないので、夏休みや冬休みに集中的に撮影した。大半の教員が出校していないとき、筆者は毎日のように出校した。一つ一つの作品の大きも計測して記録した。日にちと制作順も分かるようにした。

　土粘土作品はそのままにしないで、作品にふさわしい焼成を試行した。主な焼成方法は、穴窯による無施釉焼成、モミ殻による無施釉の低温還元焼成（黒っぽくなる）である。穴窯焼成は、次項で述べる。

　なお、当時はデジタルカメラではなく、アナログのフィルムカメラだっ

た。オートフォーカスレンズが出たときは、すぐに買った。インターバル撮影（一定の間隔で自動的にシャッターが切れる）が可能なカメラも買った。今のデジタルカメラは枚数を気にしないで撮影できるが、フィルムカメラは 36 〜 37 枚撮影するたびにフィルムを交換しなければならない。また、フィルムの感度は高いものでも ISO 400 くらいしかなかった。暗いときは、増感現像したが苦労した。今のカメラはオートフォーカスの機能や感度も向上し、シャッターを押すだけで失敗のない写真が撮影できるようになったので、便利になったものである。

　フィルムカメラで撮影していたときは、真っ黒を真っ黒に、真っ白を真っ白に撮影するのが難しかった。フィルム１本全てが失敗だったときもある。カメラに内蔵されている露出計は、物からカメラに反射する光（反射光）を測るので限界があった。正確に測るためには、物を照らしている入射光を測定しなければならない。そこで、単体露出計を買って、入射光を測定して撮影したら、真っ黒を真っ黒に、真っ白を真っ白に撮影することができるようになった。そもそも、カメラに内蔵されている露出計は自動のままだと、黒い物だと暗いと判断して少し明るく写すので灰色になる。白い物だと明るいと判断して少し暗く写すので灰色になる。黒い物を黒く、白い物を白く写すためには、黒い物は露出をマイナスに補正し、白い物は露出をプラスに補正しなければならない。そのため、カメラには±各３段階程度の露出補正機能が付いている。今は、デジタルカメラで大きく失敗することはないが、この機能を活用したうえで、写真撮影後に写真修正用アプリで修正するのがベストである。多少失敗しても、写真修正用のアプリで簡単に修正できる便利な時代になったものである。

　作品は印刷することもあるので、きれいな印刷に向いている１コマのフィルムサイズが大きい６×６や６×７の中判カメラ（ブローニ判）カメラも購入した。

　作品や制作過程を多く撮影したので、フィルム代もバカにならなかった。少しでも出費を減らすために、長尺のフィルムを買って使い済みのパトローネ（未現像のフィルムを巻き込むケース）に自分で巻いたり、長尺

のフィルムからパトローネに巻かれたものを東京の量販店から購入したりした。フィルムの現像やプリントに経費がかかるので、自宅を新築したときに暗室を造った。カメラ機材、暗室機材、フィルム代、印画紙代、薬品代は半端ではなかった。大学の基金や助成財団に応募して補助金を少し獲得することはできたが、大半は自腹だった。本来は、このような経費は学校の教員にも支給されるべきである。その点、大学教員は個人研究費が支給されるのでうらやましい。

　写真撮影を通して、カメラの撮影技術、フィルムの現像、引き伸ばしなどの技術が高まり、その後に大いに役立った。

10　穴窯を造る

　授業で使われている粘土には、紙粘土、油粘土、土粘土などがある。教員にとって、紙粘土や油粘土は焼成の必要がないので楽な粘土である。土粘土を採り上げれば採り上げるほど、土粘土が児童・生徒の心をおどらせる最良の粘土であることに気づかされた。

　児童・生徒の心情が豊かに現れた土粘土の作品は、個性が最大限に生かされる焼成を考えなければならない。野焼きや薪窯は試してみる価値がある。

　全国的にみると、薪窯のある小学校や特別支援学校もある。薪窯がないことを、薪窯で焼成できない理由にしてはならない。筆者の経験からも、薪窯を造りたい意志が教員にあれば造ることは可能である。また、薪窯を使って焼成している近隣の陶芸家にお願いして、焼成時に薪窯に作品を置かせてもらって焼成することも不可能ではない。要は教員しだいである。

　初任校の中学校に、陶芸の窯はなかった。土粘土はできないと思い、油粘土で作ってから石膏で型取りするレリーフ作品づくりに取り組ませた。

　2番目に赴任した養護学校には、直炎式の小さなガス窯があった。直炎式は高温にならないので、楽焼しかできなかった。担当したやきものクラブに、電気ろくろで上手に茶碗をつくる生徒がいた。前任者が取り組ませたようである。やきものクラブには2～3人しかいなかったことと、大き

な作品をつくる生徒がいなかったこともあって、たくさんの作品はできなかった。せっかく作った作品なので、学校にあったガス窯で焼成してあげようと思った。

　筆者は窯での焼成経験はなかった。そこで、いろいろ本を調べたり、前任者に聞いたりして、なんとか焼成することができた。茶碗が多かったので、低温でも溶ける楽焼用の釉薬をかけて焼成した。

　楽焼は陶磁器に比べると焼成温度が低いので、密度が荒く、そのままでは水がしみ出ることを知る。湯呑みは使っているうちに、茶渋が詰まって漏れなくなる。水がしみ出るのを防ぐためには、重湯（ご飯を10倍くらいの水で薄めて糊状にしたもの）、フノリを溶かしたもの（板フノリを水で煮て糊状にしたもの）、片栗粉を溶かしたもの（水溶き片栗粉をお湯で溶いたもの）、水漏れ防止処理剤などを1日くらい入れてから水洗いするとよいことを知る。

　3番目に赴任した養護学校は作業学習の一つに、陶工があった。主として泥漿鋳込み技法で花瓶などを作っていた。泥漿鋳込み技法とは、土粘土と水と珪酸ソーダを混ぜた泥水を石膏型に流し込んで作る技法である。泥漿鋳込み技法の他には、機械ロクロ（皿やコップなどの石膏型に土粘土を入れ、回しながら型の内側からコテを当てて成形する）、電動ロクロ、手びねり、タタラ（タタラとは、薄く平らに延ばした板状の土粘土を指す。器や皿などを作ることができる）などがある。

　陶工の作品は花瓶などの陶器なので、水漏れしない丈夫なものでなければならない。そのため、素焼きしてから釉薬を掛けて、1,150度くらいで焼成していた。陶器である。窯は半自動焼成の電気窯だった。窯の蓋を完全に閉めたり、ヒーターを弱から全強にするまでは手動である。しかし、全強にしてからは自動で焼成することができる。指定した温度まで上昇したら、その温度を指定した時間キープし、焼成が完了したら自動的に電源が切れる。薪窯は燃料の薪を次々と投入しなければならないので、最初から最後まで窯から離れられない。その点、電気窯は燃料を用いないので、ずっとそばに付いている必要がない。手動の時間帯も、時々行って操作す

ればよい。一番時間がかかる全強にしてから焼き終わるまでは付いていなくてもよい。薪窯は焼き終わるまで他のことはできないが、電気窯は他の業務が並行してできるので教員にとっては都合がよい。

　筆者には、当初、焼き物は釉薬を掛けて焼かなければならないという先入観があった。しばらくの間は何の疑いも持たずに、美術の時間に生まれた全ての土粘土作品に釉薬を掛けて焼成した。器類は水漏れすると困るので、釉薬を掛けて焼かなければならない。しかし、生徒はコップや皿などの器類を作らせるとそのとおりに作る。しかし、自由に作らせると、器類以外の物を作ることが多かった。

　釉薬を掛けて焼成すると丈夫にはなるが、作品の表面がカラス質で覆われるので作品の温かさが伝わらない。土粘土作品の完成直後は土粘土がまだ軟らかいが、作品の温かさが伝わってきた。そのまま保存したい衝動に駆られた。しかし、土粘土の乾燥を防ぐために作品をビニールなどで密閉すると作品が壊れやすいし、ビニール越しに見なければならない。よって、そのまま保存するのは現実的でない。ビニールなどで密閉しないでそのまま保管すると、カビが発生して黒ずむのでよくない。また、素焼きのまま展示している展覧会も散見される。素焼きは釉薬を掛けて焼成するのには向いているが、植木鉢のようで温かみがない。

　そこで、一つ一つの作品のよさが生かされる焼成方法が、筆者の課題かつ関心事になった。本で調べたり、現地を訪ねたりした。その結果、施釉しない方法が望ましいとの結論に達した。

　縄文土器に似せた作品の野焼きを見に行った。火の周りに作品を置いて余熱してから、燃焼が少しおさまった火の中央に作品を移動し、その作品の上に木材をのせて焼成していた。これは、筒状の作品なので可能だと思った。生徒が作る作品は、器類がほとんどない。重くて空洞のない作品が多い。重くて空洞のない作品は、作品に長い棒を突っ込んで移動するのは不可能である。移動できたとしても、突起のようなものがある作品は木材をのせると重みで壊れる可能性が高い。このことから、縄文土器方式の野焼きは向いていない。

　東南アジア式の、甕をわらで覆って焼成するのも見に行った。甕は薄いので短時間で焼成できた。生徒の作品は塊が多いので、東南アジア方式の野焼きも向いていない。

　京都市美術館で開催された京都市と滋賀県の障がい者の展覧会を見に行ったら、高さ3メートルくらいの筒状の土粘土作品があった。担当者に焼成方法を尋ねたら、横にすると壊れる可能性があるので、作品を立たせてから波トタンで囲み、その中にモミ殻を入れて焼成したという。モミ殻は、火をつけても急激に燃えない。作品が黒っぽくなる還元焼成である。徐々に燃えるということは、急激に温度上昇しないので壊れるリスクが少ない。ここで、モミ殻方式の野焼きが有力な候補になる。

　滋賀県の施設の中には、小さな薪窯だが黒瓦の焼成方法で焼成している施設があった。最後に松葉や木材などを大量に入れて空気を遮断する還元焼成である。この焼成方法も候補になる。穴窯による無施釉の作品も見た。さらに、著名な陶芸家の登り窯、穴窯などの図面も入手した。

　いろいろ検討した結果、釉薬はせっかくの作品の表情を覆い隠すのでよくないと判断した。電気窯のような熱のみの焼成は、素焼きも施釉による本焼きも均一には焼成できるが、作品の表情が出ないからよくないと思った。

　結局、炎が不可欠だと思った。第一候補を「焼き締め（施釉しないで、穴窯や登り窯で薪を燃やして高温で焼成する方法）」、第二候補を低温焼成の「野焼き（モミ殻、ワラ、木材）」にした。

　生徒の作品は大きな土粘土の塊もあるので、短い時間の野焼きで焼成すると土粘土の中心部まで焼成できないと判断した。そこで、電気炉で素焼きしてから野焼きした。塊の作品には、空気が入っている可能性がある。空気が入っていると加熱によって空気が膨張し、作品を破壊する。作品の破壊を少しでも防ぐために、通常の倍くらいの時間かけてゆっくり素焼きした。それでも、何点かは壊れた。

　学校に穴窯や登り窯がなかったので、「焼き締め」はできなかった。そこで、モミ殻焼成した。学校に鉄板でできた大きな四角い容器があったの

で、容器の中にモミ殻を敷いてから素焼きした作品を並べ、その作品の上にさらにモミ殻をのせた。そして、モミ殻の上に小枝や新聞紙をのせて着火し、燻りながら燃えるのを待った。モミ殻は軽いので、燃焼中に飛ぶことに気づいた。慌ててコンパネなどで囲い、モミ殻が飛ぶのを防いだ。モミ殻焼成でも火が赤く見えたので800度前後にはなっていたと思われる。モミ殻の燃焼直後は熱いので、すぐに作品を取り出すことはできない。自然に冷めるまで二日くらい待ってから、作品を取り出した。モミ殻の跡がついている作品もあったが、それぞれの作品に景色があり、素朴で温かみがあった。素焼きのままの作品や施釉した作品よりも、はるかに生徒の作品の焼成に適していることを実感した。モミ殻焼成は窯がなくてもできるので、学校で積極的に行いたい。大学教員になってから、講義で学生に体験させた。

　その後に、U字溝タイプの穴窯を手造りした。穴窯を造ったことはなかったが、耐火レンガと耐火モルタルを購入し、時間を見つけては一人で黙々とレンガを積み上げた。屋根は、撤去してあった自転車置き場の屋根を利用した。

　穴窯は完成したが、薪を確保しなければならない。学校に薪はないので、自分で集めるしかない。木材は、火力のある松にこだわる必要はないと考えた。休日に、筆者の実家からトラックとチェーンソーを借りて、同僚の実家の杉の木を切りに行ったこともある。建築業者に依頼して、解体した家屋の古材をもらったこともある。古材は、松・杉・ヒバなどである。古材は乾燥しているので、よく燃えた。

　木材は集めて終わりではない。適当な長さに切らなければならない。太いものは、斧で割らなければならない。そこで、筆者が担当していた高等部作業学習の木工でも、薪を準備することにした。題材名を「廃材の整理」にした。作業内容は、古材のくぎを抜く、一定の長さに切る、一定の太さに束ねるなどである。古材にはさまざまな釘が残っているので、工夫しないと抜けない。抜けたときの喜びも大きい。一定の長さに切るためには、長さを測らなければならない。古材が動かないように工夫して、のこびき

しなければならない。縄で束ねても、ゆるいと古材が抜け落ちる。できるだけきつく縄で縛ることや、縄で縛った後に古材を挿入することも覚えなければならない。しかも、古材はいくらでもある。材料が少なくて、作業時間を短くしなければならないことはない。

「廃材の整理」は、課題解決場面や手ごたえを実感できる、最良の題材であると自負している。ところが、文部科学省は作業学習を「製品を作って販売すること」にしていたために、「廃材の整理」は「製品づくり」ではないと批判する人がいた。知的障がいのある生徒は、机上で、頭だけで考えるのは苦手である。そこで、作業学習の意義は、身体を使って作業することによって必要な能力を身に付けさせることにある。「廃材の整理」は、思考力、判断力、表現力などの重要な能力を育むことを実感した。作業学習の題材を「廃材の整理」にしたことを批判する人は、「製品を作って販売すること」を額面どおり解釈しているだけである。重要なのは、製品を作って販売したかではなく、どのような能力をどのように育むか、その能力を育むのに適した作業内容であるかどうかではないのか。どのような授業でも賛否はありえる。批判は必要であるが、学習内容と生徒の取り組みを詳しく分析したうえで論評してほしかった。学会で発表したら、評価してくれた人もいた。著書で「廃材の整理」を紹介してくれた人もいた。

穴窯造り、薪の準備、焼成はいずれも勤務時間ではできないので、勤務時間が終わってからと、休日にやるしかなかった。生徒の作品に合った焼成をしなければとの思いが、筆者を駆り立てた。ずいぶん、時間外労働をしたものだと思う。筆者のようにはできないと言っていた教員もいた。ゆとりがあれば、もっと勤務時間にできたのにとの思いはある。

勤務があるので、三日間も四日間もは焼成できない。規模の小さな穴窯だったので、二日間でよいと考えた。土曜日の午後、日曜日、祭日の中で、二日続けて天気がよい日に焼成した。焼成は、同僚も手伝ってくれた。差し入れを持って、夜中に保護者といっしょに見に来た生徒もいた。とてもいい時間が流れた。

焼成具合は、取り出して見るまで分からなかった。初めてなので、想像

できなかった。取り出してみたら、焚き口に近いところは自然釉が付いていた。自然釉は、木材が燃えた後の灰が作品に付いて、その灰が高音で溶けたものである。何日も燃やすと大量の灰が降り注ぐので、激しい自然釉になる。生徒の作品に激しい自然釉は似合わないので、2日間の焼成にとどめてよかったと思った。焚き口と反対にある煙突に近いところは、優しい赤みを帯びていた。どの作品を見ても作品が美しく、穴窯で焼成してよかったとつくづく思った。作品の置き場所によってどのようになるかが少し分かったので、2回目以降の焼成では作品の雰囲気に合わせて置き場所を決めた。

　モミ殻による焼成と穴窯による焼成を体験してみて、焼成方法が作品に決定的な影響をもたらすことを教えられた。教員の都合で釉薬を掛けたり、素焼きのままにするのはよくない。生徒の作品に合った焼成方法を考えなければならないことを痛感した。

11　生徒の豊かな心情に圧倒される

　土粘土に取り組ませれば取り組ませるほど、児童・生徒は瞳を輝かせ、心おどらせながら夢中になって活動した。土粘土が、心おどらせる極めつけの素材であることを教えられた。

　粘土のよさを頭だけで理解して、紙粘土や油粘土で済ませたり、土粘土を採り上げても少量の2〜3回程度なら、心おどる活動にはならない。そのため、「土粘土を重視しない → 心おどる活動にならない → 粘土を重視しない → 心おどる活動にならない → ……」という悪循環に陥る。一方、土粘土を重視すると教員の労力は増えるものの、「土粘土に思いっきり取り組ませる → 心おどる活動になる → もっと心おどる活動を引き出すために、さらに土粘土に思いっきり取り組ませる → 心おどる活動が高まる → ……」という好循環になる。児童・生徒が心おどらせながら、心情を開花することができるかは、教員がその鍵を握っていると思うと恐ろしくなる。児童・生徒の豊かな心情が開花する時間は、教員冥利、教員のやりがいを実感する瞬間である。

　SDGs が叫ばれるようになった元凶は、自然や社会を蝕んでいる人間のエゴイズムにあるのは疑いない。児童・生徒の豊かな心情は、心に忠実かつ誠実な

世界である。児童・生徒の豊かな心情は不誠実なエゴイズムとは対極にある。児童・生徒の豊かな心情こそ、人類をして創造の地平に導くものである。

　教育は"あたまで考え"て概念的な知識を増やすことよりも、体験したことを"こころでありのままに感じ"て、"ありのままに表現していく"ことが求められる。児童・生徒の豊かな心情に接すると、自分の心情に素直に生きることの大切さを教えられる。同時に、自分がどれだけ自分の心情に正直に生きているかが突き付けられる。

（1）「土粘土」による心おどる活動の様子

　大量の「土粘土」を準備して活動させると、生徒は瞳を輝かせ、心躍らせながら取り組んだ。「豊かな心情の世界」に圧倒された。以下、3人の土粘土の活動の様子を紹介する[6]。

　①　「わぁー！」

　「せんせ～い、見て！　見て！」

　背後から、興奮した声がする。和やかな話し声と、土粘土をたたく音が入り混じる教室で、私の耳が鮮明に聞き分けた。

　瞬時に、誰かに伝えずにはいられない、新鮮な発見をしたことを感じた。まるで自分のことのように、私の心をおどらせた。

　他の生徒に制作のアドバイスをしている最中だったが、直ちに「は～い、今行くからね」と伝える。

　近づき、「どれどれ」と、作品を見ながら「す・ご・い・ね！」と話しかけ、発見の感動を分かち合う。

　円筒形の土粘土の側面を、先がギザギザした粘土ベラでひっかいたときの痕跡が、ケーキの生クリームをイメージさせたようだ。得意満面に「すごいでしょう！」と言いながら、一気に周り全部に痕跡をつける。次に、たたいてつぶれた円筒形の土粘土の上部を糸で切り、切り口を開きながら、「わぁー！」と驚きの声を発する。糸で土粘土が切れることと、その切り口がとても不思議だったようだ。そして、平らになった上部に丸めた土粘土をいっぱいのせて、「ケーキ」が完成する。

　いつも、いろいろな道具を使ってはその痕跡を楽しむ。土粘土を器用に

いじり、授業が終わりの時刻になってもやめられないほど土粘土に夢中になる。

②　「からだごと」

「ドシ～ン、ドシ～ン！」

土粘土の大きな塊を両手で頭上高くやっと持ち上げて、机にたたきつける。そのたびに、大きな音を立てながら机が揺れる。

「バッ、バッ、バッ」まるで、ボクシングのように両拳で土粘土を素早くたたく。

「ドン」と、土粘土に肘を思い切り打ち付ける。

「バシッ、バシッ」と、土粘土を棒でたたく。

「グッ」と、土粘土を押す。

「グーグー」と、土粘土をのばす。

「ビューン、ビューン！」と、糸で土粘土をぐるぐる巻きにし、土粘土を切っては合体させる。

何かにとりつかれたように、休む間もなく土粘土と格闘する。しだいに汗ばみ、息づかいも荒くなる。まさに、人間と土粘土が一体となって、人間も土粘土も激しくウォーミング・アップしているようだ。

じゅうぶんに軟らかくなった土粘土を両手でちぎり、棒状にのばす。次々と同じような形を作っては並べ、一気に家の壁を作る。土粘土がなくなるともらいにきては、激しくたたいてから使い始める。壁ができた家の床に、土粘土で作ったテーブルや椅子をセットする。さらに、あらかじめアドバイスを受けたとおりに、屋根の陥没を防止する柱を土粘土で数本作って内部にセットしてから、平らに大きくのばした土粘土で覆って屋根にする。最後に、粘土ベラで窓を描いて「大きな家」が完成する。

もう、両手や全身というレベルではない。「からだごと」とはこのことか。土粘土と人間が一体になり、気迫が周囲を圧倒する。すっかり、土粘土にとりつかれている。土粘土が大好きなわけだ。廊下で会うと、近づいてきては私の顔をのぞきながら、「粘土やる？」と尋ねてくる。私は「土粘土」そのもの。

③　「一心同体」

「おっ！」

「いっひっひひひ……」

四角い塊を上下に二つ重ねた土粘土の塊に細い木の棒を刺し、押しては抜く感触と、その痕跡を楽しむ。

かきベラで、土粘土の塊に縦横に線を引く。自然に顔が土粘土と離れたり、くっつかんばかりに近づいたりする。顔を近づけたり、遠ざけたりして、その変化を確かめているようだ。

さらに、切り糸を張り、軽くこすりつけながら土粘土の塊に線をつける。次に、上の土粘土の塊に大きな穴を二つあける。

「"目"だ！」

鬼のイメージがわいたようだ。土粘土で細い棒状の角を二本作って、土粘土の塊の上にのせる。小さな手を土粘土で作って付ける。そして、かきベラで顔を何度もひっかく。まるで、鬼をやっつけている気分。

制作している本人の顔を見ると、にらみつけるように目を大きく開き、下顎を突き出し、歯がむき出しだ。鬼をやっつけている表情に、圧倒される。"一心同体"とはこのことか。

いつも土粘土に働きかける瞬間は集中し、真剣そのもの。土粘土に働きかけた直後は痕跡を味わうように自然と笑顔になる。土粘土をいじり、その反応を楽しんでいる。それでいて、具体的なイメージにきっちりつなげる。

以上は、発達に遅れのある生徒の、"土粘土"の授業の様子である。羨ましくてしようがない。こんなにも夢中になれて。生き生きし、楽しくてしようがない感じ。創造するって、本来、こんなに楽しいはずだったのだ。こうなると、教員がつけ入る隙はない。見守るよりない。

同時に、生徒の心情の高ぶりが、手に取るように伝わってくる。わくわくする。生徒と同じ教室にいて、活動に夢中になって大きく見開き輝く瞳、ダイナミックな身体の動き、思わず発するつぶやきや感嘆の声、刻々

と変化する心情の動き、ほほえましい仲間との交流、無垢で自由奔放で生命感にあふれる作品群、活動後の充実した表情などに触れ、共感・共有させてもらえるなんて、とても幸せ。

理屈なんかで感じるのではない。深層から、細胞の一つ一つに鳴り響いてくる。私の大事な時間。私の"宝もの"。教員冥利に尽きる。生徒の"豊かな心情"に圧倒される日々。うれしくて、うれしくて、感謝の気持ちでいっぱい。申し訳ないくらい。

表現することに自信のない生徒が、土粘土に気持ちをありのままにぶっつけて、表現する喜びを高めていく。働きかけるままに変化し、心情の動きを素直に受け止めてくれる"土粘土"の魅力にとりつかれている。土粘土とチョコを取り替えようかと言っても、応じる気配はまったくない。

「土粘土を全力でたたくダイナミックな姿」「動きは穏やかだが語りかけるように土粘土をいじる姿」「思いもかけない形や痕跡を発見して興奮する姿」「土粘土に顔がくっつかんばかりに近づけたり土粘土のにおいを確かめる姿」。いずれも瞳が輝き、心情が土粘土に溶け込み、土粘土と人間が一体になっている。触覚という狭いレベルではない。全ての感覚が統合され、同じ自然の一部である「土粘土と人間」が滑らかに調和している。

作為性を強めて、意図的に"かたち"を作るのではなく、土粘土の操作を通してイメージを深め、土粘土の内部から自然に"いのち"が生まれてくるようだ。無垢で、自由奔放で、生命感に満ちあふれ、土粘土の塊の中に脈々と生命が息づいている。

生徒とって、土粘土は心おどる"きわめつけ"の素材である。表現力の高まりとともに、意欲や主体性が向上し、生徒の生活全体が活気を帯びてくる。

（2）「豊かな心情」の今日的意義[7]

土粘土による生徒の活動が、なぜこんなにも強く、深く、激しく、心を打つのだろうか。生徒は土粘土と関わりながら、概念的に何を作るかを最初に決めるのではなく、感じたことを感じたままに表現している。上手

に作ろうとか、カッコよく見せようなどの作為性はみじんもない。まさに「豊かな心情の世界」である。ありのままに観得したものを、ありのままに形成している。

　人間誰しも素直で純粋な感情、森羅万象をありのままに受け止める心情を持っているから、生徒の豊かな心情に共感するのではないだろうか。

　ところが現代は、エゴイズムや効率、知識（それも識）や理屈、力の論理に毒されている。これらは全て、人間のおごり高い"精神"、それも「執我」の仕業である。この"精神"は、大気や地下水の汚染、オゾン層の破壊、種の根絶など、生命の基盤である生態系すら破壊し続けている。我欲に満ちた"精神"は、自然破壊のみならず、政治、経済、文化、教育などあらゆる分野に浸透し、危機にひんした現代文明および人間性荒廃の元凶になっている。

　私たちはややもすると、障がい児に対して「この子らに世の光を」の立場になりがちである。障がいにもめげずに努力している姿を訴えたいとか、地域社会の理解を深めたいとか、社会への参加と交流を進めたいなど、表面的かつ同情的で形ばかりの社会参加や交流を進めがちである。

　アートには障がいの有無はいっさい関係ないのに、作者が「障がい者」であることを冠した、障がい者のみの美術展が少なからず開催されているのが気になる。「障がい者」でくくる意味が分からない。生徒の無垢で、自由奔放で、色彩感や生命感みなぎる作品群は、障がいの有無や年齢などを超えて私たちに語りかけ、魅了せずにはいられない。障がい者は、誰でも心情豊かな表現ができるわけではない。作者が障がい者か健常者かにかかわらず、心情豊かな表現になるかは、教員がその鍵を握っている。

　生徒の"豊かな心情"は、おごり高い"精神"とは対称的な「捨我（次章参照）」の世界である。このおごり高い"精神"は、生命を脅かす不気味で、意志的、概念的、執我的、拘束的、支配的、欲望的、知識（それも識）的、常識的な働きを持つ"あたま"の世界そのものである。

　生徒の"心情"が豊かに輝けば輝くほど、現代文明の病根、つまり"精神"の危険性が浮き彫りになる。同時に"豊かな心情"こそ、執我が君臨して

病んでいる現代文明の救世主になるのではないだろうか。

　かつて、「知的障がい者が知恵遅れなら、私たち健常者は知恵急ぎではないか」と言及された人がいた。しかし、知的障がい者は健常者に比べて概念的思考に劣るかもしれないが、指示的思考を基盤とする知恵は遅れているどころか豊かである。知恵が遅れているのは、むしろ健常者ではないのか。その理由は、知恵は概念的思考ではなく、指示的思考によってもたらされるからである。よって、「知的障がい者が知恵遅れなら、私たち健常者は知恵急ぎではないか」は、「知的障がい者は豊かな知恵があるのに、健常者には貧しい知恵しかなく、識急ぎではないか」または「知的障がい者は指示的思考が豊かだが、健常者は概念的思考が強いために指示的思考に難がある」がふさわしい。健常者の「貧しい知恵」は、「悪知恵」でもある。

　高校入試や大学入試は、残念ながら、何をどれだけ識っているかという概念的思考力を問う設問にあふれている。教育や社会は識よりも、知を追求すべきなのに、識にまみれている。識を生むのは執我による概念的思考であり、概念的思考にエゴイズムが絡むところに現代の病根がある。概念的思考によって理屈をこね回し、物事の本質を覆い隠している。政治家も、本音を語らないどころか、平気で虚偽の説明をするからタチが悪い。なんと不誠実なことか。政治家の不誠実な対応が習い性になって、エゴイズムを助長し、エゴイズムに市民権を与えていることになぜ気がつかないのだろうか。

　捨我に、エゴイズムは存在しない。豊かな社会を創造するためには、エゴイズムと決別して捨我を育むことが重要である。

　執我（エゴイズム）は極めて強靭なので、口先だけでは止められない。思って止められるほど簡単ではない。その点、"豊かな心情の世界"に執我は入り込む隙がない。執我を克服する鍵は、心情が握っている。教育では、心情を豊かにすることが極めて重要である。

　私たちは、執我としての精神の独走を少しでも食い止めて心情を豊かにし、「生命（体・心情）」と「精神」の調和を図らなければならない。「精

神」が「生命（体・心情）」を支配すると生命そのものが危うくなるので、精神が捨我として生命に従属し、精神と生命を調和させていかなければならない。つまり、我々は生命や心情に素直に生き、自然と無心に呼応し、宇宙のリズムと一体になり、心情に満ちあふれる創造性能を回復しなければならない。

　生徒と接していると、"心情"は生命と深い関わりを持ち、もとから人間に備わっている流動的で柔軟性に富み、自然で生命的、無意識的、捨我的、解放的な"こころ"そのものであることを実感する。「心」を豊かにすることは、人類をして、まさに創造の地平へと導くものであり、事例で紹介した、発達に遅れのある生徒の"豊かな心情"が持つ意義深さを思い知らされる。

第 7 章

教員になったら大切にしたいこと

　授業研究会では、教育方法が問題になることが多い。ここでは重要なのにあまり焦点が当てられない、教育方法を支える教員の「人間観」「思考観」「教育観」を取り上げる。さらに、働き方、同僚・保護者・業者との付き合い方などにも言及する。教員になってからのヒントになればありがたい。

1　教員の授業力は、他からの学びに比例する[8]

　勉強は何のために、誰のためにするのか。自分が変わるために、自分のためにするのである。児童・生徒のためではない。勘違いしてはならない。教員自身の人間観・思考観・教育観を変え、教員としての授業力や資質を高めていくためである。自分一人で変わるには限界があるので、自分と違う人間観・思考観・教育観に接することが不可欠になる。つまり、他からの刺激であり、他からの学びである。また、自分が勤務している学校や地域などの固定的な環境では、構成メンバーの人間観・思考観・教育観を克服することが難しい。刺激となる新たな知を求めて、常に外に視野を広げていかなければならない。そのためには、広くアンテナを張って、積極的に情報を収集しなければならない。

　自分の授業に問題がないと考えるなら、研究する必要はない。しかし、いかなる授業であれ、課題はある。今の授業よりも児童・生徒の学びが深まる授業を、他から学びながら探究し続けることが教員の責務である。

　また、心に響く発表、講演、図書などに出会ったら、その人の図書や論文を読破する。そして、遠慮せずにコンタクトをとって、感想を伝える。研究のまとめなどを送付すると、率直かつ有益なコメントが返ってくることが多い。これこそ、人脈である。研究は、自分に影響を与えてくれる人や図書などとの出会いでもある。出会いの多さが、研究の質を決定づける。

　気になる学会、研究会、公開研究発表会、大会、学校、施設などがあったら、機会を逃さずに参加・発表・見学する。実践や研究を積極的に発表して、さまざまな意見をもらわなければならない。何ら遠慮することはない。遠慮すると、せっかくの機会を自ら逃すことになる。

　自分の授業を深刻に考えている教員は、改善の手がかりを必死で探すために、他からの学びに積極的である。おのずと行動的になる。反面、他からの学びに消極的な教員は、自己評価が高く、授業改善の意欲に乏しい。

他から積極的に学んでいるかが、教員を評価するバロメーターになる。

（1）　文献を読破する

　附属学校の研究紀要に記載されている引用文献や参考文献を見ると、どれだけ先行研究から学んでいるかが分かる。研究の質も推測できる。残念ながら、引用文献や参考文献は自校の過去の研究紀要中心で、他校や研究者などの文献は少ししか記載されていないものが多い。設定した研究テーマの重さを考えると、読むべき文献は相当な数になるはずである。引用文献や参考文献が少ないと、先行研究から学んでいるとは言えない。おこがましくも、研究しているとは言えない。自校の過去の研究紀要中心の「引用文献・参考文献」から脱却しなければならない。

　人間の考えは、他から創られる。自分の考えは、他から養分を取り込んで蓄え、その栄養を手がかりに形成される。研究テーマに直接・間接に関わる先行文献を、可能な限り調べて読破しなければならない。そのためには、読むべき文献のリストを作成しなければならない。

　他からの養分をたくさん取り込む過程にこそ研究の意味がある。「刺激を受けた図書に記載されている引用文献・参考文献」「尊敬する人から紹介された文献」「Cinii（サイニイ）による論文検索」は重視したい。

　月に1冊読破しても、1年間では12冊しか読むことができない。週に1冊でも、50冊である。年度始、年度末、学期末、行事、年末年始などは、読書の時間を確保することが難しい。よって、週1冊でも、実質は年間30冊程度に留まる。自分に課題意識が強くあると関連する文献を探して読むが、課題意識がないと探して読む必然性がない。この悪循環。

　学校は、研究用資料（自校および他校の研究紀要、図書類、授業研究会などの研究活動関連）の整備・保管・充実が欠かせない。研究用資料のボリュームを見ると、その学校の研究の質が推測できる。

（2） 複数の学会に加入し、外部の研究会や研修会に積極的に参加する

　学会といっても、さまざまである。他から学ぶことの意義を考えると、直接関連する分野の学会のみならず複数の学会に加入したい。国際的な視野も重要になるので、海外の学会にも加入したい。学会員でなければ入手できない学会誌を入手できるだけでも、学会に加入する意味がある。

　ところが、学校の教員の学会加入率は愕然とするほど低い。学会に入っている教員が1人もいない学校は、相当数あると思われる。学会に入っている教員がいる学校でも、その人数は一握りのところが多い。いくら日々の教育に熱心に取り組んでいても、学会、研究会、研修会から栄養をもらわないと、教員として成長していくことができない。さらに、官民を問わず、魅力的な研究会や研修会を探して、積極的に参加しなければならない。

（3） 自分の考えは、他からの栄養しだいである

　100％自分だけの考えは存在しない。体験の集積が、自分の栄養になる。成長は、摂取した栄養に左右される。ノーベル受賞者も同じである。独創的な考えも、結局は他からの栄養が生み出すものである。

　他からの栄養を摂取しないと、自分の考えは痩せていくばかりである。自分の授業力を高めるためには、積極的に自然に関わる体験を増やしたり、図書や論文を読んだり、学会や研究会や研修会に参加したり、現場を視察したりしなければならない。

　筆者の場合は、作品の見方、文章の書き方、クラーゲス哲学、形態学、人間観、思考観、教育観、教育方法学、授業研究、段階的支援（間接的支援から直接的支援）、幼児造形、土粘土素材の可能性、精神医学などを、それぞれの先駆者からどれだけ学んだことか。ここでは芳名を割愛するが、その方々との出会いがなければどのようになっていたかを想像すると恐ろしくなる。むろん、児童・生徒から学んだことも多い。児童・生徒からの学びは、教員の授業力に比例する。授業力が高い教員ほど、児童・生徒からの学びが大きい。他から積極的に学んで、教員自身の授業力を高め

ていくしかない。

2　教員の人間観が授業を左右する[9]

　一般的に、人間は「体と心」から成ると考えられているが、「体と心情と精神」から成るとする考えに着目しないわけにはいかない。「精神」とは、どのようなものなのか。「精神」と「心情」の違いはなんなのか。この理解なくして、教育を展開することはできない。

　「精神」は、「体（肉体）と心情」から成る「生命」に後から闖入したものとされる。「精神」には、「自我」が宿る。「自我」には、自我にとらわれる「執我」と、自我にとらわれない「捨我」がある。「執我」は、エゴイズムそのものである。「執我」は「体（肉体）と心情」から成る「生命」と敵対して、「生命」や自然や社会を脅かす。一方、「捨我」は、「生命」と調和・協調して、「生命」を躍動させ、自然や社会と共存し、創造的な文化を創る。よって、教育は「執我」を克服し、「捨我」に根ざさなければならない。

　さらに、「心情」をありのままに感じる能力（観得）と、ありのままに感じたことをありのままに表現する能力（形成）を育んで、豊かな心情を育まなければならない。

　人間観と言われても、ぴんと来ない人が多いと思われる。人間を捉える視点はさまざまあるし、視点ごとに違う。ここでは一番の根本である、人間が何から成っているのかを採り上げる。人間は「体（肉体）と心（精神）」から成るとする考えと、「体（肉体）と心情と精神」から成るとする2つの考えがある。

（1）　人間は「体と心」から成るとする考えと、「体と心情と精神」から成るとする考えがある

　教員にかぎらず、人間が図2の「体と心（精神）」から成ると考えているのか、それとも図3の「体と心情と精神」から成ると考えているのか、それとも別のものから成ると考えているのかは多くの人が想像すらしたこ

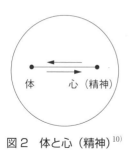

図2　体と心（精神）[10]

図3　体と心情と精神[10]

とがないと思われる。世界は「体と心（精神）」からなるとする考えが支配的なので、「体と心情と精神」から成るとする考えには思いも及ばない教員が多いと思われる。

　人間が何から成ると考えるかは、教育を支える人間観の根幹に関わる重要な問題である。よって、人間が「体と心（精神）」から成ると考えるか、それとも「体と心情と精神」から成ると考えるかで、児童・生徒の学びに決定的な差異をもたらすことを自覚しなければならない。以下、「体と心（精神）」および「体と心情と精神」に言及する。そして、教員の人間観が「体と心（精神）」ではなく、「体と心情と精神」によって児童・生徒の学びが豊かに育まれることに言及する。

　① 体と心（精神）

　図2では「心」を「精神」とする場合もあるので、「心（精神）」とした。後述するが、図2の「心」と図3の「心情」、図2の「（精神）」と図3の「精神」は別ものである。

　図2の人間が「体と心（精神）」から成るとする考えは、「体と心（精神）」を一つの層に捉える一元論である。一元論には、プラトン（紀元前427-347）、デカルト（1596-1650）、カント（1724-1804）の潮流を読み取ることができる。プラトンは、ロゴス（論理・概念）中心のヨーロッパ思想史の基盤をつくったとされる。プラトンは現実を否定的に捉え、正義によって理想（カロカガチア Kalokagathia 美にして善）に到達できると考えたとされる。「幾何学を知らざるものは入るべからず」と、感覚や経験的

なものよりも数学的なものや理性的認識・悟性を重視し、理想の名の下に悟性（精神）で体や心情を支配しようとしたとされる[11]。魂の本質は思惟能力（精神）で、知性は霊魂のいちばん高尚な機能であるとされる。そして、精神で魂（心情）を支配し、一致させようとしたとされる[12]。人間を「体と心情と精神」と捉える考えは、古代ギリシャに端を発する。プラトンもその例外ではなかったとされる。しかし、プラトンは心情を分裂的に把握し、かつ精神と魂（心情）の同一視が見られるとされる[12]。

　デカルトは、数学の明証性に知識の基盤を求め、感覚的（心情）世界を体系的に否定したとされる[11]。デカルトが古代ギリシャ以来の「体と心情と精神」から心情を破棄し、「体と精神」に二分したのは当然の帰結とされる。よく知られているデカルトの成句「我思う、ゆえに我あり。cogito ergo sum」の「思う」は意識全般ではなく、「この哲学者が注目したのは感覚、表象、情感であるよりは、むしろ気づかれた感覚、表象、情感であったことは全く疑えない」[13]と、見えるもの、判断・認識・把捉可能なものに向けられる。まさに、自我そのものに人間の存在を見いだしたのである。感覚的なものは把捉不可能なものとして否定され、明晰に知覚可能で、理念化された悟性に価値を見いだしたのである。

　カントも力学的・機械的な見方を全面的にとったとされる。感性界をこえて、物自体としての知性界をプラトン的に考えたとされる[13]。そして、「あり（真なり）ということは、意識されてあり」と、意識可能なものに目が向けられている。

　以上から、人間が「体と心（精神）」からなる考えは、精神と心情の同一視や混同が見られるとともに、見えるもの、意識・判断・認識・把捉可能なものが重視される。

　「体と心（精神）」からなる考えを基盤とする教員は、児童・生徒に対して「心をしっかりしなさい」と話すことがある。心（心情）は体験による感応が受容されたものなので、しっかりしようがない。かたや精神は意志が強まると執我（エゴイズム）となって生命を脅かす存在になるので、しっかりしなければならないのは心（心情）ではなく精神である。精神と

心情を同一視しているから、何の疑いもなく「心をしっかりしなさい」と発するのである。精神から導き出される「よく勉強する」「態度がよい」なども正論である。正論だから、児童・生徒は否定も反論もできない。正論を説いて解決するなら、誰も困らない。

　児童・生徒に対して、自分の気持ちを大切にすることや、自分の考えや気持ちをきちんと伝えることの大切さを訴えるなら理解できるが、「心をしっかりしなさい」とは、何を言いたかったのだろうか。

　身なりを整え、品行方正で、教員の言うことには素直に従い、活発に活動し、帰宅後も家の手伝いをし、予習・復習に励み、成績優秀な児童・生徒になることを期待しているのだろうか。児童・生徒に「心をしっかりしなさい」と言う背景には、心がしっかりしていない児童・生徒がいるという教員の認識がある。

　児童・生徒は、教員が期待するように行動するとはかぎらない。教員の考えで、児童・生徒がしっかりしていないと断定するのはよくない。児童・生徒一人一人には生育歴や家庭環境があり、資質・気質・性格なども異なり、反抗期もある。学習内容や学校生活に魅力を感じていないのかもしれない。教員の児童・生徒に対する要求が高かったり、児童・生徒自身の目標が高すぎるなども背景にあるのかもしれない。

　全ての児童・生徒が、教員が期待するように、何事にも熱心に取り組むとはかぎらない。多様な児童・生徒と喜怒哀楽をともにしながら、一人一人の個性・資質・気質・性格に寄り添いながら学びを深め、人格の形成に寄与するのが教員の務めである。児童・生徒がしっかりしていないと教員が判断したならば、上から目線で「心をしっかりしなさい」というのではなく、その背景を洞察して対応を考えなければ何も解決しない。教員が児童・生徒に「心をしっかりしなさい」と言いっぱなしにするのは、無責任である。

　道端のリンゴの木からリンゴを勝手に取る場合、勝手に取るのは盗むことなので、道徳的に「盗むのはよくない」と教えても意味がない。この場合は、盗むのはよくないという意識（盗むことへの抵抗）よりも、取りた

い気持ち（取ることを推進したい気持ち）が勝ったと考えなければならない。いっしょにいた友達が取らなかった場合は、推進よりも抵抗が勝ったからである。このように、行動は善悪で簡単に決めつけるのではなく、推進と抵抗という動向から考察しなければならない。善や正論を振りかざして、形式的かつ表面的に学ばせても意味がない。推進と抵抗は、心の働きではなく、精神の働きである。

　では、当の教員自身はどうなのだろうか。いじめやパワハラ・セクハラはいっさいなく、上司・組合・教育委員会などにいっさい忖度（そんたく）することなく、教材研究や研究・研修に積極的に取り組み、勤務中に携帯電話を操作することもなく、遅刻もなく、自家用車の制限速度超過や一時停止違反などもなく、喫煙もせず、朝帰りなどもない規則正しい生活をし、帰宅後も毎日家事を分担し、毎日夜遅くまで勉強し、社会人・教員として模範となるようにきちんとやっているとでも言いたいのだろうか。でなければ、児童・生徒に話す前に、教員は自分自身に「しっかりしなさい」と言うべきである。

　教育で大事なことは、正論を押し付けたり、現象的・表面的にきちんとすることではない。精神の動向を、正しく理解することである。精神を自我を主張する「執我」ではなく、自我にとらわれない「捨我」に近づけないと、児童・生徒の生命は輝かない。捨我に近づけるということは、エゴイズムを克服することである。エゴイズムを克服するためには、自我を通そうとする意志を抑えなければならない。高すぎる要求や目標は、意志の最たるものである。さらに、心情の観得力（体験をありのままに感じる能力）を豊かに育み、心情の観得力が豊かに発揮される形成（観得したことを表現すること）を確かなものにしていかなければならない。

　しっかりしなければならないのは心（心情）ではなく精神である。勘違いしてはならない。勘違いするようでは、その教育が心配である。教員には、何よりも「精神と心情の区別ができていること」「児童・生徒の生命と敵対する執我としての精神を克服し、児童・生徒の生命と協調する捨我としての精神を目指すこと」「心情の観得力と形成力を高めること」など

が求められる。そのためには、人間を「体と心（精神）」から成ると考えるのではなく、「体と心情と精神」から成ると考えなければならない。

　クラーゲスによると、動物も「体と心（心情）」を有するが、動物には精神がないので心（心情）を認識することができないとされる。よって、人間を「体と心」から成るとする考えは、動物と人間を同一視することになる。

②　体と心情と精神

　人間を「体と心情と精神」から成るとする考えは、古代ギリシャの哲学者アリストテレス（紀元前 384-322）あたりに端を発するとされる。ドイツの哲学者クラーゲス（1872-1956 年）は、人間の生命は体と心情からなり、その生命に後から精神が闖入したとしている（図3、108 頁）。

　系統発生学的にも、いきなり精神が闖入したとは考えにくい。動物（特に上陸後）に、その芽があると考えなければならない。また、人間に精神が闖入した当初は捨我が強く、その後徐々に執我が強まって現代に至ったと考えられる。

　人間の大脳は、主として感覚を司る「頭頂葉・後頭葉・側頭葉」と、自我に関わる「意欲・意志・思考・判断」を主として司る「前頭葉」に分けられる。人間の大脳は、動物に比べると大きい。人間の「前頭葉」の大半を占める「前頭前野」は大脳の約 30％もあり、動物に比べて異常に大きい。このことからも、人間の自我に関わる精神が後から生命に闖入したことが推測できる。

　クラーゲスによると、精神には捨我として生命に従属する精神と、執我として生命を支配・敵対する精神があるとされる。クラーゲスは、主著『心情の敵対者としての精神』（全3巻全4冊、うぶすな書院、2008）からも分かるように、主として、執我としての精神を徹底的に究明した碩学（せきがく）である。

　図3（108 頁）は、人間を「体と心情」からなる「生命層」と、「精神層」の二階建て（二層）に捉える二元論である。精神とは、自我である。自我は精神に宿り、精神の担い手とされる。自我は意志を働かせて、変化し続

ける現実を自分の思いどおりにしようするとされる。よって、精神の本質は意志にあるとされる。

　精神に対して生命は一体な当事者ではなく、不可分な他者的な関係になる。生命と精神が他者的な関係になるということは、精神が生命に対して勝手に作用することを意味する。精神が生命と従属・融合する関係にもなれば、精神が生命を支配して抗争・敵対する関係にもなるということである。精神が生命と抗争・敵対するということは、精神が生命のよりどころである自然と生命を分断することを意味する。生命は自然と共存しなければ生きることができないので、自然支配・自然征服の根が人間の精神に求められる。

　生命は体と心情から成るので、生命に後から闖入した精神そのものに生命性はない。精神の表れである概念が生命的でないことは自明である。精神が人間の中心に座ると、人間の生命が精神にコントロールされることになる。

　「体」「心情」「精神」は単独で存在することができないので、「体」「心情」「精神」および「生命（心情と体）」「精神」は連関し、相互に影響を受けることになる。

　体が疲労困憊だと、心情も元気がなくなる。心情がときめくと、体も興奮する。このように、体は心情を現象し、心情は体の現象の意とされる。そして、体と心情は不可分かつ双極の関係とされる。また、精神の自我が執我として無理なことを強行すると、生命は萎縮する。生命が躍動すると、精神は捨我として生命に傾聴する。

　人間は「こころ」と「からだ」から成るとの考えに慣れ親しむと、「こころ（心情）」と「精神」の違いが理解しづらいと思われる。そこで、「表2　精神・心情・体の働き」を基に、人間の「精神」「心情」「体」の働きや、「心情」と「精神」の違いに触れたい。なお、表2はクラーゲスの考えを平易な言葉で表したものである。「精神・心情・体」には、「受容面」と「実施面」の2つの側面があるとしている。「受容」は「受け入れる知覚」のことで、「実施」は「受容」に基づく「行為・行動・発動」である。知覚

表2　精神・心情・体の働き[14]

	受　容　面	実　施　面
精　　神	理解・判断	意志・意欲
心　　情	観　　　得	形　　　成
体	感　　　覚	運　　　動

があって、行動する。

ア　体（感覚・運動）

まず、「体」を考えてみたい。人間も動物も、のどが乾くと、水を探して行動（運動）する。人間の場合は「のどが乾いたことを知覚」し、精神の働きである意志によって水道の水を飲んだり、冷蔵庫のペットボトルの水を飲むなど行動（運動）をとる。がまんすることもある。動物の場合は体の欲動に従い、水を求めて水場（川や沼など）に移動する。つまり、のどが乾いたという体の感覚が水を飲みたいという欲動（行動・運動）を推進する。

人間には精神があるので意志によって水を飲んだりがまんしたりするが、動物は体の欲動に従って水を飲む。水を飲むために体を動かす（移動する）ことは、人間も動物も共通である。このように、感覚は体に生じ、体の感覚と運動は双極で一体となる。

イ　心情（観得・形成）

次に、「心情」を考えてみたい。動物は危機が迫ると声を上げて仲間に知らせたり、仲間が来ると笑顔で迎えたりする。人間にも動物にも心情はあるが、同一ではない。動物には精神がないから心情を自覚できないが、人間には精神が宿るから心情を自覚できるとされる。

人間は精神が宿ることによって、心情で観得でき、心情が観得したものを言葉・音楽・身体・美術などで表出できる。形成である。形成とは、形を造りあげる働きである。形成は、芸術・文化となる。形成を、造形や造形性能という場合もある。よって、形成と造形や造形性能は同義である。

なお、植物は宇宙と呼応しながら生きている。植物の呼応は観得そのも

のであるが、人間のように目覚めていないとされる。動物にも観得性能は
あるが、人間のように覚醒していないとされる。

　また、一般的には表出でなく表現という言葉が使われる。「表現」だと
「表に表れる」という現象にすぎないが、「出る」には「主体的に出る・出
す」意味がある。よって、「表」と「出」からなる「表出」は「主体的に
表に出す」意味となる。私たちは表現という用語を日常的に使っている
が、本来は「主体的に表に出す」意味の「表出」が望ましい。形成も、主
体的に行われるべきものであることはいうまでもない。

　「感覚」は、肉体に備わっている感覚器官（五感や体性感覚など）が感
じる知覚である。では、「観得」とは何だろうか。「観得」はあまり使われ
ない言葉なので、どのような意味かは理解しづらいと思われる。

　「観得」[15]はクラーゲス著作の翻訳・刊行に精力的に取り組んできた東
京女子医科大学精神医学教室の、千谷七郎・赤田豊治・柴田収一・平澤伸
一・吉増克實らによる "Schauen、Schauung" の和訳である。広辞苑など
にも載っていない意訳・造語である。"Schauen、Schauung" は一般的に
は「見る、注視する、観察する、感得する」などと訳されることが多い。
クラーゲスによると、「性情（Wesen）」は形象に触れる体験によって体と
心情が融合して感応することとされる。例えば、雲が山頂に向かって上っ
ていく風景に見入っていると、ある威力が感応してくる。この威力が「性
情」とされる。平澤伸一によると、「性情」は、クラーゲス哲学の最重要
概念の一つとされる。「性情」の感知化・他者化が「心情」の受容面とし
ての「観得」であり、さらに心情の実施面として現れるのが形成とされ
る。これを流れで示すと、「形象（体験）」→「性情（感応）」→「観得（受
容、感知化・他者化）」→「形成［造形］（実施、表出）」となろう。

　このように、「観得」は形象と融合・連関・同化して生命的に感応し、
その感応を感知化・他者化する過程とされる。分かりやすくいえば、「頭
や精神」で考えることではなく「生命（体・心情）」で感ずることであり、
動物性器官である体壁系でなく植物系器官である内臓系で地球・宇宙の
森羅万象のリズム、内臓波動を感知することといえよう。内臓系が感知

するということは、植物性器官である内臓系に宇宙のリズム、森羅万象の 意 が生命記憶として太古から脈々と引き継がれ、刻み込まれてきたからとされる。

　人間はまっさらな状態で生まれるのでもなく、生まれてゼロからスタートするのでもない。DNA に代表される遺伝もあれば、生後獲得していくものも多い。まっさらな状態で生まれたとするなら、目の前の花や樹木などの植物、動物、山、川などを見ても、物としてしか認識できないのではないだろうか。人間がこれらを見て畏敬や美などを観得するのは、そのベースに太古から脈々と引き継がれてきた生命記憶が刻み込まれているとしか思えない。

　形象は視覚的な色や形でもなく、意識可能なものでもなく、そこに存在する物体でもない。形象は、森羅万象を全ての感覚によって時空的に体験される生命的な現象能力を意味している。形象は生命的な現象を形作るものとされ、意識することはできない。形象は目に見える形や色などの物理的な特性ではなく、森羅万象の生命性、魂、霊性、神秘、質、意味、おもかげ、象徴、心、遠感覚、めざめ、感動、共感、生命記憶、モノダネ、感慨、道（老子）などのようなものといったほうが分かりやすいかもしれない。体験は無意識に行われる生過程だが、意識は体験内容の一部にすぎないとされる。

　また、千谷によると、「経験は、理知の経験、即ち体験内容の理知的加工である」としている [16]。経験は体験そのものではなく、体験したあとに体験の一部が概念化・対象化されたものとされる。体験が無意識に行われるのに対して、経験は意識することが可能である。体験は現実の生過程であるのに対して、経験は現実から分離されるので生命性がなくなるとされる。

　「観得」は国語辞典や漢和辞典にも載っていないので、載っている「感得」でもよさそうである。「感得」は「感じて会得したり、感じて悟る」こととされる。

　「感」には「ショックによって心を動かす」「ショックが心にこたえる」

という意味がある。よって「感得」は「外部からの強い刺激（ショック）
によって感じて会得したり、悟る」の意味になる。そのため、意識するこ
とができない「形象と融合・連関・同化して生命的に感応し、その感応を
感知化・他者化する過程」である "Schauen、Schauung" を「感得」と訳
すことはできなかったと思われる。「外からの強い刺激」が前提になって
いる「感得」は、生命的で無意識に感応して感知化・他者化することを旨
とする "Schauen、Schauung" の意味にはほど遠い。

　一方、「観」には「そろえて見渡す」という意味がある。よって「観得」
は「外部から強い刺激ををを受けて見たり、部分的に見たりするのではな
く、ありのままに全体をみる」という意味になる。簡単に言えば、「観得」
は先入観や概念で意識的に切り取るのではなく、目の前で繰り広げられる
ことに対してありのまま共感的に感応し、感知化・他者化することといえ
る。

　よって、「観得」は「感覚」や「意識」ではなく、主観的にみたり、概
念的にみたり、科学的にみたりすることでもない。少し難しい言い方にな
るかもしれないが、「諸形象にこころを開いて、諸形象の意をありのまま
に感応・感知すること」「時間的にも空間的にも連続して変化し続ける形
象に心情が、融合、連関、同化する感応体験を感知化・他者化する過程」
が「観得」とされる。なお、クラーゲスのほかの訳語では「感知化・他者化」
が近いと思われる。

　心情は精神が関わることによって、観得と形成をもたらす。例えば、石
の塊に仏の姿を見いだし、石を削って仏像を彫り出したとする。仏の姿を
見いだしたのが観得で、仏像を彫り出したのが形成である。この観得と形
成が、人間の心情の働きである。

　教員も児童・生徒も体験を通して、心情の観得力と形成力を磨くことが
求められる。授業過程における児童・生徒の姿を、教員の先入観や教育観
などに縛られずにいかにありにままに感知できるか、そして感知したもの
をいかに教員の言動に反映できるかが問われることになる。

　ただし、心情は単独では存在できないので、体が優勢なときは強い感情

に、心情が優勢なときはしみじみした深い情調になるとされる[17]。また、精神が心情よりも優勢なときは心情が精神に拘束される。反対に、精神が心情に従属・融合すると心情が輝いて豊かな芸術・文化が生まれるとされる。

　このように、心情も体と同様に精神の影響を受ける。「体」「心情」「精神」がそれぞれ連関しているので、相互に影響を受けるのは当然である。

ウ　精神（理解・判断、意志・意欲）

　人間は動物と違って、精神によって理解・判断することが可能になる。そして、理解・判断にとどまらず、何かをしようとする意志・意欲によって行動を起こす。理解・判断にとどまると問題はないが、人間はしばしば意志・意欲がもたらす言動によってさまざまな弊害を生み出している。

　精神が自我であることは、前述したとおりである。人間は自我にとらわれないで自我から解放されることもあるが、自我にとらわれて自我に拘束されることもある。捨我は「無欲」、執我は「我欲・欲張り・欲かき・わがまま」ともいえる。

　精神が捨我のときは生命が自我に縛られないので、生命と精神が協調し、生命が躍動する。体が疲れを訴えているときに精神が捨我として体に傾聴してじゅうぶん休めば、心情もさえて生命が躍動する。

　かたや、精神が執我のときは生命が自我に縛られるので、生命が精神に拘束・支配され、生命が萎縮する。疲れたり、睡魔が襲っても無視して徹夜を強いる意志は執我としての精神である。登山中に疲れがたまっているのに、強行する意志も執我としての精神である。

　精神が執我として体を支配すると生命は悲鳴をあげる。生命が精神の支配下に置かれ、生命が精神にコントロールされる。執我としての精神が体を酷使すればするほど、心情の貧困に拍車をかける。これは、人間のみに起こることである。なぜなら、人間だけが精神を持っているからである。

　児童・生徒自身が「こうありたい」「○○ができるようになりたい」などの目標を持つことは、悪いことではない。問題は目標の内容である。目標が高ければ高いほど、エゴイズムが強まる。教員が児童・生徒に対して

要求することは、悪いことではない。しかし、教員の要求が高すぎると児童・生徒に無理強いすることになる。

目標や要求が高すぎると生命に無理をさせてまでも目標や要求を達成しようとするので、児童・生徒の生命を脅かすことになる。他人や自然も脅かすことになる。無理な目標や要求を達成しようとすると、戦略や策略をめぐらし、不合理なことにも平気になる。

目標や要求の内容、達成の道筋は自分の生命のみならず、他人や自然と共存できるものでなければならない。生命と対話しながら、生命に傾聴しながら行動しなければならない。

教員が捨我の状態に近づくということは、児童・生徒という生命に傾聴することである。そのためにはものごとに対する感激性能を高め、情熱や親切などを重視するとともに、児童・生徒の行動を静観することが大切になる。また、執我を克服するということは、教員の論理的・概念的思考である理性から解放されるとともに、児童・生徒を上から目線で支配しようとしたり、授業の成果を渇望したり、独善的になったりしないことである。

③　授業における教員の自我（精神）を考える [18]

クラーゲスによると自我は精神に宿るとされるので、自我は精神そのものである。そして、自我の英語がego であることからも推測できるように、自我の本質は、エゴイズムである。精神の動向である捨我と執我は、白と黒のようにはっきりと分かれているものではない。捨我と執我には両極性もあるが、二重性や拮抗性（動向間の抗争）もある。捨我と執我の強さもさまざまとなる。よって、捨我だけの人間も、執我だけの人間もいない。例えて言えば、善だけの人も悪だけの人もいない。極悪人でも善人の面を持っているし、善人でも悪人の面を持っている。犯罪者も、犯罪を犯す瞬間や前後に躊躇したり、悩んだり、反省することがある。

赤田豊治によると、捨我とは自然や他者に傾倒（傾聴［筆者]）し融合せんとする自我であり、執我とは自我を主張する自我である。捨我によって、自然や他者に開かれ、生命も解放される。執我によって、自然や他者に閉ざされ、生命も拘束されることになる [19]。

　教員自身の自我のありようである捨我と執我の動向は、簡単には変わらない。教員が知識・技能を増やしたり高めたりすることは難しくないが、自我と強く結びついている教員の人間観・思考観・教育観を変えることは容易ではない。

　そのためには、捨我と執我の本質を理解し、教員の言動から捨我が自然と滲み出なければならない。捨我と執我は、その人がそのときにどちらの傾向が強いとか、そのときにどちらかの傾向が表れるかであって、両面を必ず持ち合わせている。何かをしようとすれば、必ず、それを止めようとする意識も働く。捨我が強くなったり、執我が強くなったりして、動向間の抗争が起こる。

　また、執我にもさまざまある。大がかりな自然破壊や大量殺戮などの執我もあるが、身体に無理してまで勉強するような執我もある。物欲、金銭欲、支配欲、名誉欲、教示欲（教員が児童・生徒に教え示そうとする欲望）、教授欲、指図欲なども執我に起因する。

　木を切り、沼や海を埋め、山を崩し、川をせき止めたりするのも執我の働きである。これらは、人間の欲望、我欲、私利私欲である。戦争は領土拡大欲、資源獲得欲、支配欲である。自然破壊や動植物の根絶なども執我の働きである。「これで足れり」とは縁遠い、欲望まる出しである。ここには、自然や他人を敬い、共存しようとする知恵はみじんもない。

　一方、芸術にも表現欲の面があるのは否定できない。心情が観得したものをありのままに形成した捨我として優れた作品もあるが、プロパガンダのような執我としての芸術もあるからである。さらに、作為性を強めた作品、賞を取ることが目的化した作品、見た目の美しさにとらわれた作品、評価された作風に縛られる作品も執我によってもたらされる。

　表3の「児童・生徒の都合に合わせる」は「児童・生徒の学びに合わせる」こと、「教員の都合に合わせる」は「教員の都合を優先する」ことであるのは言うまでもない。

　精神の捨我と執我の2つ働きから、教員の精神は捨我でなければならないことを繰り返し述べてきた。なお、教員の精神が捨我でなければならな

表３　教員における自我（精神）の動向

捨　我 教員が自我から解放される 教員の意志が強くない	執　我 教員が自我に拘束される 教員の意志が強い
児童・生徒の都合に合わせる	教員の都合に合わせる
教員が自分の考えに謙虚	教員が自分の考えに自負と確信
指導することに柔軟	指導することへの強い義務感と責任感
児童・生徒の活動を温かく静観・諦観	児童・生徒の活動に対する心配と迅速な対応
児童・生徒に寄り添う （愛・献身・リスペクト）	児童・生徒を支配
児童・生徒の活動に感激	児童・生徒の活動を分析・評価
児童・生徒の活動を受け入れて育む	教員の考えに誘導
驚嘆・愛・手本	指図・命令・禁止
児童・生徒にとって適度な目標・要求	児童・生徒にとって高すぎる目標・要求
現実学的認識・共感的認識・感動的認識	自然科学的認識・概念的認識・把握的認識
自然哲学的思考・現実学的思考・指示的思考・象徴的思考	自然科学的思考・概念的思考・把握的思考
児童・生徒のビオス（生）中心	教員のロゴス（論理）中心
教員と児童・生徒の共同	教員主導

いことを理解するだけでは意味がない。実際の授業に活かさなければ意味がない。

　授業にどのように活かすかのモデルはないので、教員自身が考えるしかない。捨我を基盤にした望ましいものだけではなく、執我を基盤とした望ましくないものも理解しなければならない。

　なぜなら、「望ましいもの」と「望ましくないもの」を対比することによって、教員として「望ましいもの」がより鮮明になるからである。授業における「望ましいもの」と「望ましくないもの」を明らかにすることは、学びの本質に関わる極めて重要な授業構想である。表面的な指導技術論に終始してはならない。

　表３から、教員の自我が執我のときは児童・生徒の生命が萎縮し、捨我のときは児童・生徒の生命が躍動して豊かな学びが開花するのは明らかで

ある。

　また、確認するまでもないが、表6（141頁）の「させる・させられる活動」と、表5（130頁）の「概念的思考」が「執我」に対応する。一方、表6の「する活動」と、表5の「指示的思考」が「捨我」に対応する。

　児童・生徒の生命が輝くかは、授業の根幹に関わる「表3 教員における自我（精神）の動向」、「表5『指示的思考』と『概念的思考』」、「表6『させる・させられる活動』と『する活動』」が、授業者である教員自身に明確になっていなければならない。

　児童・生徒の生命が輝くためには、教員にとって「表4 教員に求められる姿勢（122-123頁）」も重要である。表4の内容が、捨我に根差しているのは言うまでもない。

表4　教員に求められる姿勢

No.	観　　点	内　　　容
1	解放的な雰囲気づくり	①指図・命令・禁止・注意・叱責からの解放。 ②失敗の許容（判断の尊重）、正確さの不問、下手や失敗に対する不安や恐怖心の払拭。 ③激励と称賛。
2	児童・生徒の心に寄り添う	①教員の先入観・固定観念の消去。 ②児童・生徒と教員は思考・基準・知識が異なることの自覚。 ③児童・生徒と教員は絶対的な平等者であることの自覚。 ④児童・生徒の話、児童・生徒の生命への傾聴。 ⑤共感的・感動的・肯定的な関わり。 ⑥笑顔による自然な語りかけ。 ⑦教員の気持ちの伝達と児童・生徒の気持ちの引き出し。 ⑧児童・生徒の長所・可能性の把握。 ⑨児童・生徒の問題を他人事でなく、自分の切実な問題として自覚。 ⑩教員の都合よりも、児童・生徒の都合を優先。

3	主体的な活動の促進	①自己決定場面（任せる場面、判断が必要な場面）の保証。 ②自由な表現・発展性・試行錯誤・創意工夫の保証。 ③適度な難しさ（発達の最近接領域）の内容。 ④興味・関心が持てる内容。 ⑤個々の表現の受容と理解。 ⑥身体や道具の使用による体性感覚に対する働きかけの重視。 ⑦結果（作品などの完成度）よりも過程の重視。 ⑧過程や結果の明快性。 ⑨表現意欲の喚起、能動的表現の奨励。 ⑩集団の教育力（児童・生徒どうしの関わり）への着目。 ⑪やり直しの保証。 ⑫じゅうぶんな時間の確保。 ⑬過不足のない、タイミングを逃さない支援と評価。 ⑭無理のない言語化、言語以外の支援の重視。 ⑮行動修正主義からの脱却。 ⑯訓練的指導の克服。 ⑰多様に認める場の確保・教室外への広がり（校園全体・家庭・社会）。
4	成就感、達成感、充実感、満足感、自己肯定感の体感	①発見・驚き・喜怒哀楽に満ちた充実感のある生活の保証。 ②発見や驚き、できなかったことができる体験の保証。 ③発達の最近接領域（適度な難しさ）の重視。 ④持っている能力の最大限の発揮。 ⑤児童・生徒の存在感（みんなから認められる）を最大限に保証。
5	基本的なこと	①豊かな感受性・表現力・判断力および共感力。 ②一斉授業の克服。 ③柔軟な指導計画の運用。 ④長期の展望。 ⑤活動のあらゆる要素に対する根拠の確立。 ⑥教員自身の力量に対する不足感の自覚と、不断の教材研究。

3　教員の思考観が授業を左右する [20]

　思考を、「考えたり、思ったりする。」ことと一括（ひとくく）りにしてはならない。思考に種類があることを考えたことはないと思うが、思考には「指示的思考」と「概念的思考」がある。

　「指示的思考」は、精神が自我にとらわれない捨我のときの思考である。「指示的思考」は、多様かつ複雑で、変化・更新し続ける現実に対する共感が指し示すままに姿や形を認識する思考である。一方、「概念的思考」は精神が自我を主張する執我のときの思考である。「概念的思考」は現実から離れて、概念化、形式化、数値化された分だけ認識する思考である。「概念的思考」は、一定の概念で仕掛けや仕組みを解明するので、概念の範囲でしか認識することができない。

　多様かつ刻々と変化する現実を認識するためには、教員も児童・生徒も「概念的思考」ではなく、「指示的思考」でなければならない。教育では「指示的思考」を育むことが重要である。

（1）　思考の意味

　一般に、思考は人間のみが持つ自我の働きによる知性の表れで、文字どおり「思いをめぐらして、考える」意味とされる。一言で言えば、「考える」ことになる。「考える」ことを否定する人はいないので、思考を問題視する人はいないし、思考にはよいイメージしか持たない人が多い。

　「思」は、「頭」を表す「田」と「心臓」を表す「心」から成り、「こまごまと考える」という意味がある。「考」は、「腰の曲がった老人」を表し、「曲りくねりながら、深く考える」という意味がある。「思」と「考」を合わせると、「思考」は「頭（脳）」と「心臓」によって、「思いを巡らせながら深く考える」意味になる。

　「頭」は「脳」を表し、動物性器官を代表する。一方、「心」は「心臓」を表し、「心臓」が植物性器官を代表する。よって、「思」は本来、人間の動物性器官と植物性器官が連携して行われることになる。つまり、「思」

は頭（脳）だけではなく、身体全体で行われることを意味する。これに、「考」という「深く考える」意味が加わる。さらに、思考するためには精神の働きが不可欠なので、「思考」は「体」と「心情」からなる「生命」と、「精神」が一体となって思いを巡らしながら深く考えて認識する過程である。思考には頭（脳）の中で行われるイメージがあるが、「頭」と「考」の象形文字を生み出した先人の先見性に敬意を表する。

　認識するためには、思考しなければならない。思考が本来の意味なら問題ないが、本来の意味からかけ離れた思考の捉え方があること、その考え方が今日なお支配的であることを指摘したい。思考を、「考えたり、思ったりする」ことに一括りにしてはならない。

　大半の教員は、思考が「概念的思考」と「指示的思考」に大別できることなど考えもしないだろう。教員が、自身の思考観を確認する必要がある。世界で支配的な思考は「概念的思考」であるが、本来あるべき思考は「指示的思考」である。

（2）「指示的思考」と「概念的思考」

　「指示的思考」は「現実学的思考」「象徴的思考」「自然哲学的思考」、「概念的思考」は「把握的思考」「自然科学的思考」とも言われる。思考して認識するためには、自我（精神）の働きが加わらなければならない。自我の働きによって、指示的思考か概念的思考かを決定づける。精神が自我にとらわれない捨我のときは指示的思考になり、自我にとらわれる執我ときは概念的思考になる。

　吉増克實は、「体験を認識のかたちにするために把握不可能な体験的現実を指し示すために概念を用いるのである。それが指示的思考であった」と述べている[21]。このように、指示的思考における概念は体験的な現実を指し示すために用いられる。

　指示的思考の「指示」には、「指図する」「指図してやらせる」というイメージがあるかもしれない。「指」には、「指さして、さし示す」の意味がある。「示」には神々の心が示されることから、「示す」の意味がある。

よって、「指示」は「指し示す」意味になる。「指示」を「指図」と誤解してはならない。

「指示的思考」の特徴は、多様かつ複雑で、変化・更新し続ける現実に対する共感が指し示すまま、ありのままに認識することである。「概念的思考」のように、多様かつ複雑で、変化・更新し続ける現実の全体から一部のみを取り出すことはない。概念によって、可視化したり、説明したり、測定するようなことはしない。目に見えないもの、説明できないもの、測定できないもの、規定できないものも含めて、感覚を動員しながら現実をありのままに感応・感知（観得）して、認識するのが指示的思考である。

教員自身も指示的思考で児童・生徒と接すれば、連続・更新し続ける学習活動における現実（いま、ここ）をありのままに認識することができる。

吉増克實は指示的（現実学的）思考の立場を、「共感によって僕たちは世界の形象の意味、質性、牽引と反発の性格、類似を受け取る。それがどれだけ現実と繋がっているか、どれほどの広がりと深さを持っているか、どれほど精密であるかをまず決定的に重要視するのが現実学の立場である」と述べている[22]。

人間の指差し行動は、生後 10 か月くらいで見られる。これは、子どもが興味・関心のある対象を指し示しているのであって、概念的に見ようとしているのではない。子どもの心情が指し示すところ、つまり、子どもが目の前の現実に対して開かれ、導かれているのである。意識して、見ているのではない。指示的思考では、現実との連関が保ち続けられる。

概念的思考は、現実から分離され、概念化された分だけ認識可能になる思考である。概念化するのは、精神の働きである。教員が概念的思考で児童・生徒に接すると、教員の「人間観・思考観・教育観」で児童・生徒を拘束することになる。つまり、教員の「人間観・思考観・教育観」というフィルター越しに児童・生徒が認識される。

概念的思考では、概念化された瞬間に思考が生命と現実（いま、ここ）

から分離され、虚構のものになる。そして、現実の形象から現象を対象化することによって、現象が概念化、形式化、数値化され、一人歩きする。概念的思考は実在しない特定の概念で認識されるので、抽象的、一面的、部分的、形式的になる宿命がある。

　植物にふれるとき、観察と称して、「花弁、おしべ、めしべ、葉などの色、形、数」などの特徴を分析したり、名前を図鑑で調べたりするのは概念的思考である。概念的思考では花の姿や形ではなく、仕掛けや仕組みの解明に向かう宿命がある。そして、概念的思考は花と自分との生命的な対話を閉ざす。

　一方、刻々と変化する植物が生えている形象の意に心情を開いて、心情が指し示すままに認識するのが指示的思考である。概念的思考によって、植物という生命と自分という生命が共感的に感応、感知、対話することを閉ざし、目で確認できる一部の特徴を調べたり、仕組みの解明に走ることは慎まなければならない。

　花の名前、構造、特徴は抽象化された概念かつ一部であって、その場の花の生命性、多様性、全体を表さない。目の前にある花の生命、花が存在する周囲の自然そのものと共感的に対話することこそ意味がある。

　概念的思考の最大の弊害は、多様かつ複雑で、変化・更新し続ける現実の全体から一部のみ取り出すことにある。その結果、刻々と変化する多様な全体性を失い、概念的、部分的、一面的、形式的、抽象的になることにある。概念的思考はありのままかつ共感的に現実を感受するのではなく、概念的に把握したり、自然科学的に仕掛けや仕組みを解明することが重視される。

　例えば、水の分子は「H_2O」で表すことができる。しかし、水の性質や役割は、寒暖や水蒸気から氷や生命維持などさまざまあるので、「H_2O」は水の性質や役割の一部を表すにすぎない。

　児童・生徒が土粘土で球状のものを作っているとき、教員はややもすると「だんご」と思いがちである。教員が「だんご」と思うのは、教員の概念的思考である。しかし、教員が球状の土粘土を見たとき、土粘土の塊が

児童・生徒にとって「だんご」かどうかは分からない。土粘土の操作に夢中になって、土粘土がたまたま球状になったのかもしれない。教員が「だんご」と尋ねると、頷（うなず）くかもしれない。教員が「ボール」とか「飴（あめ）」などと尋ねると、児童・生徒は同意するかもしれない。児童・生徒にとっては、土粘土と遊んでいることが全てである。ネーミング（概念化）はどうでもよいのである。

　この土粘土の活動で大切なのは、教員が「だんご」とネーミング（概念化）することではない。土粘土と一体になって取り組む児童・生徒の生命に対して、教員が自身の「人間観・思考観・教育観」を消し去って、児童・生徒の気持ちになって児童・生徒の意をありのままに認識（指示的思考）しなければならない。

　虹を「7色である」としたり、「光が水滴に反射・屈折する現象である」とするのも概念である。古今東西、虹の色は2〜7色とされ、ニュートン以来7色が定着したとされる。その結果、「虹は7色である」が一人歩きしている。グレーの空に、鮮やかでカラフルな色が一瞬弧状に表れるのは、神秘的である。そのときの虹によって、色相や彩度はまちまちだし、それも刻々と変化する。そもそも色に境目はない。刻々と変化する太陽・雲・風などによって、虹も刻々と変化する。目の前に現れている虹の不思議さに感動するかもしれないし、畏れすら抱くかもしれない。壮大な自然に自分が包まれていることを実感するかもしれない。

　「虹は7色である」や「虹は光が水滴に反射・屈折する現象である」は、概念そのものである。この概念が先行したとたんに、虹とのありのままの対話が遠ざけられる。

　指示的思考では、水の分子が何からできているかは問題にしない。目の前の水の姿をありのままに感応・感知（観得）するのである。虹の場合も、「色の数」や「虹が発生する仕組み」などの解明をするのではなく、目の前で刻々と変化する神秘的な現象をまるごと感応・感知（観得）するのである。花の観察も、花の特徴などを調べるのではなく、自然の中でたたずむ花そのものをありのままに感応・感知（観得）するのである。

　概念である「虹は7色」「水は H_2O からできている」には、個人の感応・感知（観得）は反映されない。一方、指示的思考は他の人とは違う、その人ならではの感応・感知（観得）に基づく認識を可能にする。この認識が人間の生命の深層に刻み込まれていくことによって、その後のさまざまな判断の強力なベースになる。

　以上から、変化・更新し続ける、複雑で多様な現実をありのままに思考するなら、現実の一面を概念的・形式的・抽象的に捉える概念的思考ではなく、指示的思考でなければならないことは明らかである。

　表5は、「指示的思考（現実学的思考・象徴的思考・自然哲学的思考）」と「概念的思考（把握的思考・自然科学的思考）」を比較した私案である。まだ仮のものなので、吟味のうえ、修正していかなければならないと思っている。

　指示的思考および概念的思考は、表5の全体像を把握すると同時に、左右それぞれの内容を比較することによって、それぞれの思考の特質が見えてくる。よって、人間の思考は「表5『指示的思考』と『概念的思考』」の全体および連関・両極性から捉えなければならない。概念を生む意志を、全否定しているのではない。意志は自分の考えに合わせようとする力であり、生命に敵対する性質があるが、生命に仕える「天分の意志」もあることをシュレーダーは次のように述べている[23]。

　「意志が生命に仕える一つの役割と、意志の原則的に破壊的な性質の証明がどうして一つになるかを示すために、クラーゲスは意志を彫刻家の握る鑿（のみ）に比している。鑿は石を破砕する以外のことは何もできない。しかし、石の中に神々しい姿の形象を観得する心情をもつ巨匠がそれを創造せんとするその手に導かれるとき、鑿の石を破砕する暴力は造形家の創造に役立つ。この比喩はそれにとどまらない。意志の破壊的性質は、心情の観得力が巨匠の手を指導しないで、鑿を一振り二振りすれば、石は駄目になる。そして、巨匠には、なまくらの鑿ではなくて切れ味のいい鑿でなければ役に立たないごとく、天分不足の意志ではなくて意志の天分がなければ生命に役立たない」

表5 「指示的思考」と「概念的思考」

指示的思考 （現実学的思考・象徴的思考・ 自然哲学的思考）	概念的思考 （把握的思考・自然科学的思考）
変化する現実への共感が 指し示すままに認識する思考	現実から分離され、概念化された分だけ 認識可能になる思考
感知的（感性的直感）・原初予見者的認識	理解的・思弁論理的認識
現実の形象の意をありのままに観得する	現実から物を把握（識別）し、 概念化・形式化・数値化する
時空的形象・現実学	非時空の形体（物）・自然科学
象徴語・意味	概念語／伝達語・概念
全ての感覚による対話 （五感・体性感覚・内臓感覚）	視覚優位・意識化優先
体験・感知化・連関	経験・対象化・関係づけ
捨我／無欲・無意識	執我／強欲（エゴイズム）・意識
非意図・過程重視	意図・結果重視
生命的・生命と結合／融合／協調 こころ・ビオス（生）	生命盲目的・生命と分離／分裂／敵対 あたま・ロゴス（論理）
現実的 事実・具象	非現実的（現実疎外・仮想現実） 虚構／捏造・抽象
自然・畏敬・リズム	自然征服・おごり（軽侮）・タクト
すがた・かたち	しかけ・しくみ
連続更新・変化・類似	遮断（一時・一瞬）・不変・同一／反復
遠感覚・目に見えないもの	近感覚・目に見えるもの
測定不可能・規定不可能・説明不可能	測定可能・規定可能・説明可能
一体化・統合・全体・多面的・複雑／多様	対象化・分析・部分・一面的・単純
感化・共感／情感・印象／記憶	教化・推進（意志）・回想
創　造 （文学・芸術・民話・神話・祝い事・祭祀）	知　識
クラーゲス	デカルト・ロック・カント・フッサール ヤスパース・ヘーゲル

　ここでは、石を破砕する行為は意志（天分不足の）であるが、形象を観得する心情によって石が彫刻作品となり、意志（天分の）が役立つとされる。ここでの意志は捨我であるが、意志は執我にも導く諸刃の 剣 であることを忘れてはならない。執我は強力なため、いとも簡単に執我の大海に放り出される。これは、夢ではない。現実である。

　世界を支配している思考は、意識するしないにかかわらず概念的思考であるのは間違いない。指示的思考は、あまりなじみがないと思われる。教育は、教員が教えたいことを児童・生徒が学びたいことに転化することなので、教員が教えることを否定しているのではない。

　指示的思考は現実と一体となって、多様で刻々と変化する現実をありのままに受け入れるので、「生命と結合、融合、協調する思考」であり、指示的思考によって生命は輝く。一方、概念的思考は「生命と敵対し、生命を支配、拘束する思考」であり、概念的思考によって生命は脅かされる。よって、教員の思考が、概念的思考ではなく、指示的思考でなければならないことは明白である。むろん、指示的思考は児童・生徒にとっても育まなければならない極めて重要な思考である。指示的思考によって、児童・生徒の生命も、教員自身の生命も輝くことができる。地球上の全ての人間が育まなければならない指示的思考は、人間が自然と共存するためにも不可欠な思考である。

　以上から、思考といっても、思考をどのように考えるかは極めて重要となる。なぜなら、思考の考え方が教員自身を支配すると同時に、児童・生徒の生命が輝くかどうかの鍵を握っているからである。

（3）　概念化の弊害

　概念は現実から離され、一人歩きする。現実は、言葉や概念で説明できないことが多い。概念化は可視化することでもあり、説明、規定、測定を可能にすることでもある。ということは、可視化できたものや説明、規定、測定が可能になったものしか認識できないことを意味する。つまり、概念化した分のみしか認識できないのである。概念化では、目に見えない

ものや説明、規定、測定が不可能なものは捉えることができない。

　このように、概念化は一部しか認識することができないので、概念化したとたんに現実から分離される。現実から分離されるということは、生命の現実（いま、ここ）から分離され、虚構の世界になることを意味する。教員にかぎらず、概念化は人びとを蝕んでいる。概念化せずにはいられない人間の性、人間の精神のしつこさを思わずにはいられない。

　入学試験の設問が、知識（それも識）を問う設問に独占されていることに愕然とする。学校教育が、識の習得に偏っているのは異常である。入学試験までの間、成績を少しでも上げるために概念的思考に浸らされることになる。多くの識を覚える呪縛から解放され、もっと形象に共感する教育、指示的思考を育む教育に転換しなければ、児童・生徒自身はもとより、人間社会および地球に未来はない。

　指示的思考になるためには、児童・生徒なりの関わり方で、現実にじっくり関わらせなければならない。児童・生徒が現実とじっくり関わることができる環境をいかにつくることができるかにかかっている。少なくとも、大人の顔色をうかがうことがないようにしなければならない。児童・生徒が自ら感応、感知（観得）することによってのみ、実感することができる。実感は体験知として、児童・生徒自身の重要な栄養となる。

　指示的思考と概念的思考は、真逆の思考である。概念的思考は特定の概念で切り取ってしまう宿命があるので、多様で変化する生命を捉えることはできない。

　現実にありのままに開かれるためには、生命や自然に対する畏敬心がなければならない。かたや、概念的思考は自然に対するおごりがあるとともに自然を征服しようとする思考ともいえる。概念的に把握したり、自然科学的に仕掛けや仕組みの解明を重視する概念的思考と決別しなければ、多様で刻々と変化する現実をありのままかつ共感的に感受する指示的思考を育むことはできない。

　以上から、現実をありのままかつ共感的に感応・感知（観得）する指示的思考によってのみ、観得力が育まれるのは明らかである。概念的思考は

現実と引き離すが、指示的思考は現実とつながり続けることを可能にすることを忘れてはならない。

　次に、概念化による弊害の一例を美術の展覧会から見てみたい。

　美術の展覧会の中には作品の外観や表面の特徴で分類したり、個々の作品を解説したりしているものがある。分類や解説は、言葉による概念化である。主催者は分類や解説によって、作品の全体性や多様性を切り捨ていることに気づいていないのである。非言語であるアートに、言語を絡めすぎてはいけない。

　分類や解説は、鑑賞者に先入観を与えるだけである。鑑賞者が個々の作品とじっくり対話できる環境の設定にこそ、最大のエネルギーを使わなければならない。分類や解説は作品の鑑賞に絶対不可欠なものではないので、主催者のエゴイズムである。

　そもそも心情を形成した作品は感性の世界に属するので、言語（概念）で説明できるものではない。分類や解説だけ見るとその一点では合っているかもしれないが、それは作品の一面にすぎない。鑑賞者は、分類や解説で作品を鑑賞するのではない。鑑賞者が作品と体験する仕方や感じ方は、多様かつ複雑で、鑑賞者の数だけある。しかも、体験は言語化（概念化）できないことのほうが圧倒的に多い。

　限定された言語（概念）は、鑑賞者に先入観を与えるだけである。作品は鑑賞者の心情に添って、まっさらな状態でありのままに鑑賞されなければならない。

　世田谷美術館初代館長の大島清次も[24]、「美術館側から勝手に予測的な見解を一方的に押しつけない方がいい。私たちを含めて、作品群に対する見る側の反応は自由で、できるだけ開放されていることが望ましい」とし、「職業美術作家も、自学自習の素人作家も、また知的障害作家も問わず、さらに国籍も類別せずに、ただし、関心のある人にはそれぞれに必要な情報ができるだけ詳しく検索できるようにしておいて、まずはともかく何の偏見もなしに……作品群に来館者たちが直に相対する」と、偏見なく鑑賞するために枠組みをつけることを批判している。さらに、「誰が、何

時、何処で、何故作ったかのかはそれぞれみな違うにしても、それらを一切不問にして……」と、余分な情報を出すことの無意味さも指摘している。

　概念による分類は作品の表面的な一面が強調され、作品と一体である作者の生命が発する心情との対話をゆがめる。作者の心情が表れている作品を言葉で概念的に分析すればするほど、作者の心情との対話が遠のくことを自覚しなければならない。

　世田谷美術館の開館10周年記念特別展図録の中で[25]、館長の大島清次は、10年前の開館記念展『芸術と素朴』で作品を4部構成（素朴派の系譜、近・現代美術と素朴、原始美術と民族美術、子どもと美術［知恵おくれの人たちの作品を含む］）にしたこと対して、「開館当初の『芸術と素朴』展における4部構成そのものに対する深い疑念である」「現代美術の理解や研究にまであまねく支配している美術史的な分類主義の現状に対する大きな危惧である」「人間の心に関わる芸術の原点を求めて、類別はふさわしくないからである」と、分類して展示したことを厳しく反省し、4部構成そのものに対する自らの疑念を表明している。そして、この10年後の「芸術と素朴」展では、開館記念展で4部構成したことの反省を受けて、「ノン・セクション（部門に分けないこと）」とし、時代の流れに沿った展示をしている。ただし、「ヨーロッパ・アメリカ」と「日本」は分けて展示している。

　一方、障がい者アートに関わる展覧会で、健常者による上から目線の分類や解説が散見されるのは憂慮される。これでは、障がい者や鑑賞者の展覧会ではなく、障がい者の作品を借りた主催者の展覧会であると言われてもしかたがない。

　展示空間や展示方法も、作品をじっくり対話できるものでなければならない。展示空間や展示方法が目立ったり気になったりするのは、主催者のエゴイズムが優先した結果と考えなければならない。作品以外の存在が全て消え、作品と鑑賞者のみがそこに存在すると思えるような展示空間や展示方法を目指さなければならない。

積極的に分類している障がい者の展覧会がある。その第1回展では、作品を「ダイアリー」「ワクワク・ドキドキ」「アト（跡）」「アイコン（イコン）」「コラボレーション」の5つに分類して展示している。

例えば、穴で埋め尽くされた作品は「アト（跡）」に分類されるにちがいない。確かに、見た目は穴の痕跡でしかない。しかし、作者は痕跡をつけようとして行為（制作）していないはずである。どのような思いで土粘土に穴を開け続けたかは、作者のみぞ知る。いや、作者も知らないかもしれない。それなのに、目に見える表面の痕跡に着目して「アト（跡）」に分類するのは、児童・生徒の心情を無視した企画者の都合にすぎない。「アト（跡）」と分類するのは、作品の鑑賞者に先入観を持たせるリスクがあると同時に、作品とまるごと対話するのに何の意味もない。何よりも、作者に失礼である。

第2回展では、支援者の「ヒト」、支援環境の「トコロ」、授業やワークショップなどの「コト」に分類している。これは、作品そのものよりも、制作された背景や作者との関係（誰と、どこで、どのような環境で）を重視していることになる。作品の鑑賞に、「制作された背景や作者との関係」は不要である。

また、入選した全ての作品のキャプションに、主催者のコメントが書かれていた障がい者アートの公募展がある。作品などの解説は、「作品の分類」と同じ問題を抱えている。障がい者の展覧会では、健常者である関係者が作品の特徴、制作の様子、作者などについて一方的に語りがちである。そもそも、制作時の作者の「心情」や作品の生命を言語（概念）で捉えることは不可能である。言語（概念）による解説は、じっくり作品と対話するのに何の役にも立たない。

関係者による分類や解説はじゃまになり、作品の生命と敵対するだけである。解説は、作品との対話に不可欠なものではない。いくら言論の自由があるとはいえ、作品の内面に、作者の内面に一方的に立ち入って、一方的に解説することはよいことではない。

展覧会に関係する企画者、研究者、学芸員が、感性の世界である作品に

対して、関係者の考えで概念的に解釈して作品の鑑賞に枠をはめるのではなく、まっさらな状態で作品の生命とじっくりと対話できる環境の設定にこそ最大限の努力しなければならない。

展覧会では、どのようなメッセージを発したいのかを相当吟味しなければならない。そして、設定したテーマに基づいた展示作品の選定も重要だが、それと同じくらい展示空間や展示方法も重要である。美術館の空間や設備・備品に作品を合わせるのではなく、作品に展示空間や展示方法を合わせなければならない。小さな作品ばかりなのに、作品に似合わない巨大な空間で展示されることも珍しくない。落ち着いてじっくり作品と対話できる空間でないことは、作品にとっても鑑賞者にとっても不幸である。作品の生命性がその空間に合っているかは分かりそうなものだが、思いがいかないのである。

現代は立派な建物の美術館が多いが、作品とじっくり、ありのままに対話できる展示空間や展示方法に対する配慮が足りないと思われる。展示空間や展示方法に対する配慮の足りなさも、突き詰めればエゴイズムである。

近年、「障がい者」や「アール・ブリュット」を冠した展覧会や報道が多いのはなぜだろうか。「障がい者」も「アール・ブリュット」も概念による枠組みである。なぜ枠組みしないで、現代アートとして扱わないのだろうか。

そもそも、ジャン・デュビュッフェが提唱した「アール・ブリュット」は「生の美術」なのに、日本ではなぜか「障がい者アート」の意味で使われることが多い。「アール・ブリュット」を使う理由は、「障がい者アート」「アウトサイダー・アート」だと差別的、排他的なイメージがあるからであろう。他にも、「障がい者アート」を意味する言葉として「エイブル・アート」「ボーダーレス・アート」「パラアート」「アウト・プット」などの言葉も使われているが、枠組みすることに変わりがない。

多様性の尊重とは、作者の「年齢、性別、国籍、人種、障がい、思想信条、能力」などの属性に関係なく平等に扱うことではないのか。それなの

に、なぜ「障がい者」の作品であることを前面に打ち出さなければならないのだろうか。なぜ作者が「障がい者のみ」の展覧会を開催したり、「障がい者のみ」を対象とした公募展を開催しなければならないのだろうか。障がい者施設の中には、現代アートとして国内外のオークションに出品したり、作品発表を行っているところもあるというのに。

　草間彌生は草間彌生であって、障がい（統合失調症）がある草間彌生ではない。草間彌生の作品を障がい者の作品として扱うことはない。それなのに、施設（入所、通所）、特別支援教育、在宅などの障がい者アート作品は展覧会の企画者やマスコミによって、障がい者の作品であることを示す「障がい者アート」や「アール・ブリュット」などを冠することが多い。

　展覧会の企画者やマスコミはよかれと思って「障がい者アート」や「アール・ブリュット」などの概念でくくったり、報道したりしているのかもしれないが、それによって作者が障がい者であるという先入観で作品に触れたり、障がい者の作品であることを無意識に刷り込まれることは否定できない。アートは、作者が障がい者か健常者かは関係ない。純粋にアートとして存在している。障がいでくくったり、障がい者だけ囲ったりする意味はない。展覧会の企画者やマスコミは、「障がい者アート」や「アール・ブリュット」などでくくることによって、健常者と障がい者を分離するという新たな差別を生み出していることになぜ気づかないのだろうか。優れた作品なら、「障がい者アート」や「アール・ブリュット」などの冠なしに展示・報道しなければならない。

　建築の場合、建物の入り口をフラットにすれば健常者も車椅子などの弱者も区別なく通行することができるのに、わざわざ階段と傾斜路の両方を設置する思想も類似している。階段だけだと車椅子などの弱者が通れないので、傾斜路を設置しなければならなくなる。傾斜路の設置は、一見すると階段を使えない弱者に配慮しているように見える。階段と傾斜路の両方を設置しているのを見ると、たいがいは正面を独占するように階段が設置され、傾斜路は正面の横に脇役のごとく設置されることが多い。

傾斜路は設置すればよいというものではない。階段と別に傾斜路を設置することによって、弱者と健常者を分離している。傾斜路の設置は、弱者を傾斜路でくくることになる。

アートを「障がい者アート」や「アール・ブリュット」などでくくって障がい者と健常者を分離することと、建物の入り口に傾斜路を設置して弱者と健常者を分離することは同根である。

ここで紹介した展覧会における概念化の弊害は、ごく一部にすぎない。展覧会に見られる主催者やマスコミの「概念的思考」は、あらゆる分野・領域に浸透している。教育界も例外ではない。

4　教員の教育観が授業を左右する [26]

教育活動は教員の教育観によって、2つに分類することができる。

1つは、教員が児童・生徒に活動させる「させる活動」である。「させる活動」は、児童・生徒からすると教員に「させられる活動」である。教員と児童・生徒の立場を合わせて「させる・させられる活動」とする。

もう1つは、児童・生徒が主体的に活動する「する活動」である。「する活動」は児童・生徒と教員の両主体によって、児童・生徒も教員も予想することができなかった学びが創られる。

教育は、教員が児童・生徒に教えることも必要である。しかし、教員が考えたとおりに教えることを優先すると「させる・させられる活動」になる。一方、教員が教えたいことを児童・生徒が学びたいことに転化し、児童・生徒と教員の両主体が共同で学びを創る活動は「する活動」になる。

「させる・させられる活動」では、できたかできなかったか、どれだけ覚えたかという結果が重視される。一方、「する活動」では児童・生徒に蔵されている宝を掘り起こすための過程が重視される。

教員の「精神」が「執我」のときは「させる・させられる活動」に、「捨我」のときは「する活動」になる。

教育は、教員が児童・生徒の学習内容を考えて準備する。そして、その学習内容を通して学びを創造するための支援（指導方法）を考えて展開す

る。よって、教育は教員が主導し、児童・生徒と共同で学びを創造する営みである。

　授業では教員が児童・生徒に指示したり説明したりする場面は多いので、指示や説明は必要である。しかし、授業には「教員主体」もあれば、「児童・生徒主体、児童・生徒と教員主体」もある。残念ながら、「教員主体」の授業が圧倒的に多い。

　「教員主体」の授業は教員の立場からすると「児童・生徒にさせる活動」、児童・生徒の立場からすると「教員にさせられる活動」である。

　「児童・生徒主体、児童・生徒と教員主体」の授業は、教員の立場からすると「児童・生徒が主体的に取り組めるようにする活動」、児童・生徒の立場からすると「児童・生徒自身が集団の中で主体的に取り組む活動」である。

　本書では「教員主体」の授業を「させる・させられる活動」、「児童・生徒主体・児童・生徒と教員主体」の授業を「する活動」とした。「させる・させられる活動」では「できた」「分かった」「点数」などの結果が重視されるが、「する活動」では過程が重視される。児童・生徒に蔵されている宝を丁寧に掘り起こすために、過程が重視されるのは必然である。

　教員の教育観は、「させる・させられる活動」と「する活動」に大別することができる。児童・生徒の学びを創造するためには、教員の教育観が「させる・させられる活動」ではなく、「する活動」でなければならない。

　教員は「させる・させられる活動」を克服し、「する活動」があたりまえに展開されるようにしなければならない。「する活動」があたりまえになるためには、教育観を支える思考観や人間観まで変わらなければならない。なぜなら、人間観と思考観と教育観が繋がっているからである。授業では教員の教育観はもとより、人間観・思考観まで問われる。人間観・思考観が問われるということは、人間観・思考観を支えている人間の精神の働きをどのように認識しているか、精神と生命（体と心情）の関係をどのように認識しているか、精神の執我および捨我の働きをどのように認識しているかが問われる。

　教員は自身の教育観が「する活動」であると思っていても、「させる・させられる活動」になっている授業を少なからず参観してきた。実際の授業で教員自身の教育観がどのようになっているかは、教員自身の自己評価には限界がある。そこで、授業研究会などで検証することが必要である。ふだんの授業研究会は、校内の教員のみでかまわないが、時々は外部から教育方法学などのエキスパートを 招聘 して行わなければならない。

　表6は、「させる・させられる活動」と「する活動」を対比したものである。以下、「させる・させられる活動」と「する活動」それぞれの特質を明らかにしたい。

（1）　させる・させられる活動

　「させる・させられる活動」は、教員が児童・生徒に教えたいことを教員が考えた方法で児童・生徒に覚えさせ、学ばせる活動である。

　教員よりも若年の児童・生徒を対象とする教育では、児童・生徒は教員よりも劣ると考えがちである。そのため、児童・生徒よりも自分の考えが正しいとの思いから、教員に「教える、指導する」意識が強まる。教員が「教える・指導する」ことによって、児童・生徒を教員が想定した枠内に誘導する。教員が想定した活動にならないと、指図、説明、指示、命令、禁止、注意、補助、介助をして、児童・生徒の活動をいちいち修正する。教員の考えを優先し、教員が考えた授業プランの枠内に児童・生徒が押し込まれる。

　文部科学省が「主体的な学び」を重要視して学習指導要領を改訂しているのに、教育現場では、「教員が児童・生徒にさせる学習」「児童・生徒が教員にさせられる学習」である「させる・させられる活動」から、児童・生徒が主体的に学ぶ学習である「する活動」に転換した実感はない。

　教員が想定した枠内に児童・生徒を誘導すると、授業はスムーズに展開する。これは、「児童・生徒を借りた教員が満足する授業」「児童・生徒不在の教員独りよがりの授業」と言っても過言ではない。

　教員が考えた結果に児童・生徒を効率よく早くたどり着かせることを優

表6　「させる・させられる活動」と「する活動」

させる・させられる活動	する活動
教員主体 ・教員が児童・生徒に活動「させる」授業。児童・生徒が教員に活動「させられる」授業。 ・教員の世界。児童・生徒を借りた教員の授業。教員独りよがりの授業。 ・結果重視。	**児童・生徒主体、児童・生徒主体と教師主体** ・児童・生徒が主体的に活動「する」授業。 ・児童・生徒の世界。児童・生徒の主体性が発揮された、児童・生徒と教員共同の授業。 ・過程重視。
教員主体の活動 　教員の授業構想を手がかりに、教員が児童・生徒とやりとりしながら授業が進められるが、教員の考えを優先するため、児童・生徒の行動は修正され、教員の指図・指示・命令によって、教員が考える枠にはめていく授業。 ・教員が把握した事実にとらわれる。 ・一定のことを教えたり、体験させるだけの授業。 ・授業が比較的スムーズに展開する。 ・結果や課題解決が目的化するため、分かったことやできたことの結果が重視される。 ・教員対児童・生徒全員による一斉授業になるため、児童・生徒どうしの関わりが少ない。 ・失敗が許容されにくく、失敗しないための手だてが講じられるため、試行錯誤があまり保証されない。 ・目に見える結果が優先し、指図・指示・命令が多く、児童・生徒を支配する授業。 ・結果を急ぐため、児童・生徒を急かし、待てない。 ・自分であまり考えず、教員から指示されたことに、それなりに取り組む。 ・指図・指示・命令されたことを、自分の能力の範囲でこなす。 ・個性があまり発揮されない。 ・工夫や発見や驚きが少ない。 ・知識や技能やスキルの習得。 ・できないことが一見できるようになる。 ・成就感や達成感や自己肯定感が少ない。 ・頭で理解する。	**児童・生徒主体／児童・生徒と教員共同の活動** 　教員の授業構想を手がかりに、児童・生徒が教員や仲間とやりとりしながら、児童・生徒主体の学びが深められ、教員も児童・生徒も予想できなかった高みに登る授業。 ・現実をありのままに尊重する。 ・児童・生徒内部の宝が掘り起こされる授業。 ・教員のプランどおりには展開しにくい。 ・結果よりも、分かる過程やできる過程が重視される。 ・児童・生徒どうしの関わりが豊かである。 ・失敗が許容され、試行錯誤が十分保証される。 ・主体的な学びを引き出すための最小限の支援。目に見えない内面が重視される。 ・過程を重視し、児童・生徒に寄り添いながら、じっくり待つ。 ・自分で考え、判断して行動する。活動に集中し、夢中になって取り組む。 ・自分の力が最大限に発揮され、発達の最近接領域に到達する。 ・児童・生徒の多様な個性が発揮される。 ・工夫や発見や驚きがある。 ・思考力や判断力や表現力の修得。 ・分かるため、できないことができるようになる。 ・成就感や達成感や自己肯定感がある。 ・心で理解する。

先するため、児童・生徒は教員から急かされ、教員の指図や指示どおりに活動する。そのため、児童・生徒はじっくり考えたり、十分試行錯誤したりする場面がない活動になる。教員から一定のことを教えられるだけで、児童・生徒の内部にある宝が掘り起こされることはない。児童・生徒にとって工夫や発見や驚きが少ないので、成就感、達成感、自己肯定感を体感することもない。個性や能力が、十分に発揮されることもない。

　また、教員は児童・生徒の内面にはあまり思いがいかないため、目に見える現象で判断する。例えば、児童・生徒が活発に発言すると、発言の多さから児童・生徒が主体的かつ積極的に学びを深めていると勘違いする。児童・生徒の発言の多少は、学びの深化に関係ない。

　「分かった・できた」の結果が重視されるため、児童・生徒が「どのように分かったのか、分からなかったのか」「どのようにしてできたのか、できなかったのか」の過程が軽視される。この過程にこそ、学びの本質があるのに。

　「教員」対「児童・生徒全体」で一斉に授業が展開されることが多いため、児童・生徒どうしの関わりが少なくなる。結局、「させる・させられる活動」の最大の問題は、児童・生徒の主体性が損なわれ、教員が児童・生徒を支配する授業、児童・生徒が教員に付き合わされる授業になることである。主体性が発揮されないということは、児童・生徒の感受性、思い、考えの基盤となる心情の観得力と、その発露である形成力が育まれないことになる。「させる・させられる活動」は児童・生徒の主体性が損なわれ、教員が自己満足する授業以外の何ものでもない。

　教員が覚えてほしい知識（なかでも識）を児童・生徒に確実に覚えさせるなら、「させる・させられる活動」が有効である。しかし、教育は識を多く覚えることではない。教育は、教育の主たる目的である「人格の形成」を基盤にしながら、各教科・領域に応じた学びを児童・生徒と教員が共同で創る営みである。

（2）　する活動

　「する活動」は児童・生徒主体の学びが深まるための「学習内容、指導方法、学習環境」を教員が徹底的に考え、児童・生徒に教えたいことを児童・生徒が学びたいことに転化する活動である。「する活動」は、児童・生徒に任せっぱなしにする活動ではない。

　「する活動」は、教員と児童・生徒が共同で学びを創る営みである。「する活動」は、教員も主体であり、児童・生徒も主体である。教員と児童・生徒の両主体によって学びのドラマを創り、教員も児童・生徒も予想できなかった高みに登る活動を目指して行われる。

　教員は徹底的な教材研究によって、児童・生徒の主体的な学びが深化するための授業プランを立てて授業に臨む。「する活動」では、教員のプランを児童・生徒に押し付けることをしない。児童・生徒一人一人の内面を洞察しながら、児童・生徒の主体的な学びを引き出すために、すぐに解決できる直接的な支援ではなく、間接的な最小限の支援を段階的に行う。

　児童・生徒は教員が考えるようにはいかないとの前提に立つので、児童・生徒の活動に寄り添いながら、失敗を許容し、試行錯誤しながら集中して取り組む過程をじっくり見守る。結果よりも、過程が重視される。児童・生徒は試行錯誤の過程で、自分で考え、判断して行動するようになる。工夫、発見、驚きも生まれる。

　仲間との関わりも豊かに展開されるので、自分一人では気づかないことに気づいたり、一人ではできなかったこともできるようになる。教員や仲間の関わりもあって、自分の力が最大限に発揮され、自分一人では到達できなかった発達の最近接領域に到達できるようになる。今まで発見できなかった、自分の宝が自分の手で掘り起こされていく。教員も児童・生徒も予想できなかった活動が展開される。授業を通して、教員も児童・生徒も成就感、達成感、自己肯定感を体感する。

　児童・生徒と教員の認識や理解のプロセスが違うことを前提に、児童・生徒の学びを教員が鋭い感受性でリアルタイムで読み取りながら、一筋縄ではいかない児童・生徒が主体的に取り組む「する活動」を、いかに教員

が組織し、展開できるかが問われる。

（3）「させる・させられる活動」と「する活動」を支える教員の「精神」

「させる・させられる活動」になるか、それとも「する活動」になるか
は教員の「人間観・思考観・教育観」の相違による。教員の「人間観・思
考観・教育観」を根底で支えているのは、教員の「精神」である。教員の
「精神」のありようによって、「させる・させられる活動」になったり、「す
る活動」になったりする。教員は、精神をどのように認識しているかが問
われている。

教員が授業に対する考えを変えるレベルではなく、授業に対する考えの
根の根である精神のありように気づかなければ、「する活動」を目指す授
業は決してほんものにはならない。教育界は、「精神」のありように言及
することはほとんどないが、教育を根底から支える教員の精神のありよう
にもっと着目しなければならない。

クラーゲスの考え方に照らすと、「させる・させられる活動」における
教員の精神は執我傾向が強く、「する活動」は捨我傾向が強い状態である。
教員が自我から解放された「捨我」の状態になるためのヒントが、「執我」
と「捨我」の特質をまとめた表3と表5にある。表3の「執我」と「捨我」
の内容、表5の「指示的思考」と「概念的思考」の内容を比較することによっ
て、その違いがより理解可能になり、「捨我」の姿が明確になる。

教員の精神が「執我」のときは、自分の考えにとらわれたり、概念的に
把握したりして、教員の独りよがりで授業が展開される。児童・生徒を支
配し、教員の考えに児童・生徒を従わせようとする。その結果、児童・生
徒の生命は萎縮する。

一方、教員の精神が「捨我」のときは、自分の考えから解放されるの
で、目の前で展開される児童・生徒の現実をありのままに受け入れること
が可能になる。教員は、児童・生徒の活動を温かく見守ることができるよ
うになる。その結果、児童・生徒の生命は躍動する。

5　教員の授業構想力が授業を左右する[27)]

（1）　そもそも学習指導案とは

　学習指導案は、いきなり清書できるものではない。事前の準備がしっかりできていなければ、書くことはできない。

　学習指導案は、授業プランであり、授業の設計図であり、学びの構想である。学習指導案と実際の授業は、密接に関連している。実際の授業で学びが創造されるかは、学習指導案の内容がその鍵を握っている。学習指導案を見ただけで、授業者の授業力、実際の授業、児童・生徒の学びの状況が推測できる。学習指導案は、授業力に優れる教員や授業を洞察することができる研究者から、一瞬にして見抜かれる。

　名称が「学習指導案」なので、「学習を指導する」という教員サイドで書かれる。おのずと、教員がその題材（単元）で、何をどのように指導するかに力点が置かれる。しかし、学びは教員と児童・生徒の共同で創造するものなので、児童・生徒の視点は欠かせない。つまり、「教員が何をどう指導するか」だけではなく、「児童・生徒が何をどう学ぶか」の視点がなければならない。

　学習指導案の内容は、校種や教科・領域などによる差異はあるが、「題材（単元）名」「題材（単元）設定理由」「題材（単元）の目標」「児童・生徒の実態、目標、手だて」「指導計画」「本時の学習（主題名、全体および個人目標）」「学習過程または展開（環境構成、活動内容、予想される児童・生徒の活動、支援［指導］上の留意点など）」「資料」「教具」「評価」などである。参観者はこれらの情報から、本時の授業をイメージする。

　学習指導案には細案と略案があり、公開研究発表会、授業研究会、指導主事の学校訪問などの授業公開時に書かれる。学習指導案を書くことによって授業プランが明確になるので、書かないときには気づかなかったことに気づくことがある。頭の中にある授業構想を具体化することによって、過不足も見えてくる。具体化したものを見直して、何度も書き直して

ようやく完成する。本来は授業公開の有無にかかわらず、全ての授業で書かれるべきものである。

　また、教育実習生が書いた学習指導案は指導教員によって厳しくチェックされるが、教員が書いた学習指導案は学校で決めた形式と留意点さえおさえていれば通用する。同僚から徹底的にチェックされたり、差し戻しされることはない。学校で書かれる学習指導案は、授業者の責任で書かれる。厳しく審査されることもない。

　授業参観者に対して、事前に学習指導案によるオリエンテーションを実施している学校もある。授業後に行われる授業研究会は学習指導案の検討会ではないので、学習指導案をメインに話し合われることはない。

　そこで、学習指導案の項目や記入上の留意点を超えて、学習指導案の在り方を徹底的に話し合うための研修会が必要である。その際、外部講師の招聘も考えたい。

（２）　徹底的に教材研究する

　授業は、児童・生徒に学びを創ることである。児童・生徒の学びは、教材を通して行われる。教育内容、学習内容である。児童・生徒に学びを創ることができる教材を、徹底的に考えなければならない。いくら支援に工夫しても、学びの材料である教材に難があれば児童・生徒の学びは頓挫する。

　伊藤巧一は [28]、教材研究を「第一次教材研究」と「第二次教材研究」に分けている。「第一次教材研究」は授業に直接関係なく、あらゆる角度から教材を徹底的にかみ砕いて洗い出す作業とされる。土粘土の場合は、まず、作品づくりに直接関わる、土作り、成形法、技法、用具、焼成法などを理解しなければならない。さらに、発達段階における土粘土表現の特質と学習課題、土粘土や焼き物の歴史、生活との関わり、用途なども理解する必要がある。そのうえで、この中から学びにつなげられるものを徹底的に洗い出さなければならない。

　土粘土指導の経験がないとか、経験が浅いとかは教員の都合であり、

児童・生徒にはいっさい関係ない。教材研究は、教員にとっての勉強である。教材に対する知識がなければ、必死になって勉強すればよいだけである。文献で調べる、現場を訪ねる、自分でやってみるなどが欠かせない。米作りを学ぶために、一年間農家に通った教員がいる。地域で収穫された大根が加工のために運ばれた県外の漬け物工場に、わざわざ調査に出かけた教員もいる。

　「第二次教材研究」は「第一次教材研究」の解釈を受けて、授業を組織するための核を明らかにして授業を構想するための教材研究である。教員は調べたもの、自分の知識の全てを授業で使いたがる傾向があるが、授業の核にならないものは思い切って捨てなければならない。

　さらに、湯浅恭正は、児童・生徒の側の教材解釈を授業者がどのよう判断して対応するかという、児童・生徒の側からの教材研究としての「第三次授業研究」を提起している。教材研究はもっぱら教員側からなされるが、授業が教員と児童・生徒の共同で行われる以上、児童・生徒の側からの教材研究がもっと重視されなければならない。

　教材研究にゴールはない。教材に精通している教員なんているはずがない。教材研究をあまりしなくても、教員の半端かつ断片的な知識でも授業ができる悲しい状況はあるが、いかに教材研究を深めることができるかが問われる。

　教材研究で重要なことは、借りものでないことである。ハウ・ツー本などからの安易なまねでは、学びを組織することができない。教材が教員自身のものになり、実感できるものになっていなければならない。教材研究が深まると、授業で教えたいこと、つまり児童・生徒に学ばせたいことが浮かび上がる。

　教材研究が、児童・生徒に学びを創造する決定的な鍵を握っていることを強調しても強調しすぎることはない。

（3） 学びを徹底的に構想する

　児童・生徒の学びを構想するためには、前項の「徹底的に教材研究する」が前提条件になる。そのうえで、児童・生徒の学びを徹底的に構想しなければならない。

　学習指導案の展開には活動内容が並べられ、活動内容に対応した支援や留意点が書かれる。しかし、教員の支援に対する具体的な引き出しが豊富でなければ、具体的な学習場面に応じた学びを創ることはできない。その引き出しをもとに、児童・生徒の具体的な学びを構想しなければならない。ただし、引き出しをたくさん持っていても、授業で生かすことは簡単ではない。ここに、児童・生徒の学びを創る難しさがある。

　学びは、教員に指図や指示されて何かをやることではない。学習指導案は、教員が児童・生徒に教えることを構想するものではない。教員や仲間と関わりながら、一人では到達することができない発達の最近接領域に児童・生徒が自ら到達できるように構想することである。このための構想を、厳しく吟味しなければならない。「活動＝学び」とは限らないので、構想では学びに本質的なものと、そうでないものを区別しなければならない。

　授業は、教員の授業力に左右される。授業力とは、児童・生徒の深い学びを構想し、組織する力である。児童・生徒が深い学びに分け入っているときは、眼を輝かせ、心を躍らせ、自然と集中している。授業は児童・生徒にとって、取り戻しができない、かけがえのない時間であることを自覚しなければならない。そのうえで、この姿を目指して児童・生徒の学びを構想しなければならない。

（4） 図式化してから書く

　ある学習指導案を分析したところ、「学習過程」の欄に「活動内容」と対応した「支援」が書かれていたので、「活動内容」と「支援」は繋がっていた。しかし、「設定した目標に対応した活動内容のないものがある」「目標を受けた個々の活動内容や支援に関わる具体的な評価の観点が書か

れていない」「題材設定理由と目標、活動内容、評価の繋がらないものがある」などが判明した。とても丁寧に書かれている学習指導案でも、図式化してみると「題材設定理由」「目標」「活動内容、支援」「評価」が繋がらないのである。繋がらない理由は、おそらく想定した活動内容を基に、「題材設定理由」「目標」「活動内容」「支援」「評価」をそれぞれ書くことに集中したからと思われる。

　そこで、学習指導案を書く前に大きな紙に図式化することを勧める。関連するものを、縦に並べたり、横に置いたり、線で繋いでみたりする。目標が、題材設定理由の何と繋がるのか。目標とどの活動内容が繋がるのか。そして、それぞれの活動内容に対応した具体的な支援を考えて繋いでみる。さらに、それぞれの活動内容を評価する具体的な観点を考えて繋いでみる。

　図式化することよって、「どのような活動を通して、どのような目標を達成しようとしているか」「それぞれの活動に対して、そのような具体的な支援をしようとしているのか」「それぞれの活動をどのような具体的な観点で評価しようとしているのか」などが見えてくる。同時に、過不足も分かる。「目標に対応した活動内容がない」などは、起こりようがない。

　学習指導案の項目に沿って書いたり、個々の項目内で書くと、授業の全体像を見失う恐れがある。学習指導案を書くときは、授業のポイントを図式化してから肉付けしていく必要がある。

　図式化は、建築に例えれば全景であり、基礎、構造、間取りである。快適な生活ができるように、建築士はさまざまな視点から総合的に設計する。いきなり、外壁や壁紙をどうするかは考えない。建物の全景のスケッチからはじまり、次に間取りや構造を考える。そして、給排水や電気などの設備を考え、最後に外装や内装を考える。学習指導案の項目に沿って書いたり、個々の項目内で書くのは、授業の全体像を見失い、外壁や壁紙から設計するようなものである。

6　人格の形成を重視する

（1）　教育の目的は、人格の形成である

　教育の目的は、教育基本法第1条を見るまでもなく、人格の形成である。つまり、心づくりである。エゴイズムのない、誠実な人づくりである。それなのに、教育は教科の知識（それも識）の習得に偏っている。

　文部科学省は学習指導要領で、新しい時代に必要な資質・能力として、「①生きて働く知識・技術の習得」「②思考力・判断力・表現力等の育成」「③学びに向かう力、人間性などの涵養」の3つ挙げている。それなのに、教育は①の「知識・技術の習得」に偏重している。学校は、物知り博士を育てる場所ではない。人格は、非認知能力と密接な関連がある。

　中高の免許が教科になっていることもあって、教員の主たる関心が教科に向きがちである。筆者も教員になった当初は、教員免許状が美術だったこともあって、美術教育が主たる関心事だった。ところが、担任になって生徒に接すると、生活指導や集団づくりなどの重要性に気づかされた。しかし、美術教育に関する知識は少しあったが、生活指導や集団づくりなどに関する知識のなさを恥じた。慌てて本を読んだり、同僚などにアドバイスを求めた。

　養護学校に勤務していたとき、就職した生徒が苦しんでいるのに対応できない自分が情けなかった。仕事になじめないときの心理状態はどうなのか、どう対応したらよいのかを理解するのに大学で学んだはずの児童心理学などは、何の役にも立たなかった。幸い、知人の中に国立大学医学部（神経科精神科）に勤めている教員がいたので、夜遅く何度も訪ねてアドバイスを求めた。不調になるとどのような症状が出るのか、どのように対応すればよいのかのヒントを得ることができた。

（2）　人格と非認知能力は密接に関連している[29]

　人間の能力を、「認知能力」と「非認知能力」に分ける考えがある。「認知能力」は、学力、知識、技能、運動能力などの「測定可能な能力」とされる。人間が生きていくためのは、言葉や計算などの認知能力は必要である。認知能力は、一定の概念や計測機器などによって見える化されるので分かりやすい。ただし、概念や計測機器の範囲でしか捉えることができない宿命がある。

　また、認知能力の学力、知識（なかでも識）、技能は結果的に「知っているかいないか」「できるかできないか」「上手か下手か」などで判断されることが多い。運動能力も、時間、距離、回数、難易度などで判断されることが多い。認知能力は結果として認知可能なものに重きが置かれるので、取り組みの姿勢などの非認知能力に関わる過程が軽視される。

　一方、非認知能力は社会情動スキルとも言われ、人格つまり心と密接な関連がある。教育の主たる目的が「人格の完成」なので、非認知能力をいかに伸ばすかが重要になる。しかし、日本の教育は学力に関わる識をたくさん覚え、テストでよい点数を取り、いかに偏差値の高い高校や大学に入学できるかに主たる関心があるのは否定できない。

　認知的スキル（認知能力）は「知識、思考、経験を獲得する能力」「獲得した知識をもとに解釈し、考え、外挿する能力」とされるのに対して、社会情動的スキル（非認知能力）は「一貫した思考・感情・行動のパターンに発現し、フォーマルまたはインフォーマルな学習体験によって発達させることができ、個人の一生を通じて社会経済的な成果に重要な影響を与えるような個人の能力」とされ、「目標の達成、他者との協働、感情のコントロールなどに関するスキルである」としている[30]。

　非認知能力は人間が生きていくための基盤になるもので、認知能力の土台になる。非認知能力と認知能力は、密接に関連している。

　心に関わる非認知能力の内容には、主体性、意欲（目標への情熱、努力）、好奇心、自信、楽観性、自尊心、自己肯定感、忍耐力、自己抑制、情緒の安定、集中力、持続力、表現力、コミュニケーション力、想像力、

創造力、社会性（ルール遵守・相手に対する敬意・思いやり・寛容性、チームワーク・協調性）、丁寧さ、まじめさ、誠実性、責任感、畏敬心、感受性、観得力などがある。

① **OECD による社会情動スキル（非認知能力）**[31]

・目標の達成〜忍耐力、自己抑制、目標への情熱（意欲・モチベーション）、注意・集中・持続力、自己効力感、統制の所在、勇気、努力など。

・他者との協働〜社交性・社会的スキル、向社会性、寛容性、信頼、敬意、思いやり、共感、チームワーク、コミュニケーションなど。

・情動の制御〜自尊心、楽観性、自信、内在化・外在化問題行動などのリスクの低さなど。

② **ビッグ・ファイブによる社会情動スキル（非認知能力）**[32]

・外　向　性〜社交性、積極性、活発さ、冒険性、熱意、温かさ。

・協　調　性〜信頼、率直さ、利他主義、迎合性、謙遜、共感。

・誠　実　性〜効率、組織、忠実、目標達成への努力、自己鍛錬、熟慮。

・情緒安定性〜不安、いらだち、抑うつ、自意識、衝動性、脆弱性。

・開　放　性〜好奇心、想像力、審美眼、行動（幅広い関心）、興奮性、独創性。

OECD とビッグ・ファイブを比較すると区分や内容に若干の相違はあるが、共通しているものも多い。どちらも、人格の中身を表している。ここに示された内容を、教育現場ではどれだけ重視しているだろうか。ここに示された内容の重要性を、頭だけで理解するのは意味がない。教員は非認知能力育成の重要性を理解するとともに、学習場面における非認知能力育成に関わるチャンスを見逃してはならない。例えば、「共感」を考えてみたい、共感を育成するためには、共感が生まれるための学習活動がなければならない。認知能力の育成に目を奪われて、せっかくの共感を育む機会を逸してはならない。

　学習指導案に書かれる目標は、「○○ができる」「△△が分かる」のよう

に結果に関わるものが圧倒的に多いが、結果よりも過程が重要ではないのか。学習過程における、集中力、チームワーク、表現力、想像力、感受性などの非認知能力に関わる目標をもっと重視すべきである。非認知能力に関わる目標を掲げることによって、教員が学習活動における非認知能力の育成に意識が向くと思われる。

　認知能力の獲得に重点が置かれている日本の教育を、非認知能力を重視する教育に転換しなければならない。

7　研究を重視する [33]

　教育基本法第9条「…学校の教員は…絶えず研究と修養に励み…」を見るまでもなく、教員は積極的に研究に取り組まなければならない。しかし、現状は研究が活発であるとは言えない。

（1）　研究は仕事か

　研究は、義務でも、強制されるものでもない。あくまでも主体的・自主的に行われるものである。学校における仕事は、学級経営、授業、校務分掌、諸会議などである。附属学校で開催される公開研究発表会に関わる研究は、基本的には義務としての仕事の一環である。

　研究は主体的・自主的に行われるべきであるとの考えから、学校で開催される授業研究会などへの出席を任意としている学校もある。

　いくら仕事に熱心に取り組んでも、研究抜きに授業力は向上しない。しかし、教員は仕事をそれなりにこなせば務まる。「授業に問題がある」「研究をあまりしない」などの理由で解雇されることはない。つまり、教員は研究しなくても務まる職業に成り下がっている感がある。

　研究は教員としての力量不足を改善するために、自ら進んで、主体的・自主的に取り組むものである。授業は仕事として行わなければならないが、授業力は教員自身の主体的・自主的な研究に待たなければならない。問われているのは、教員自身の研究に対する主体性・自主性であり、研究

の質である。

（2）　研究に求められる条件は何か

①　研究の区分はどのようになっているか

　研究業績は、一般に「著書」「論文」「その他」の３つに分類される。「著書」は、出版社などから刊行されたものなので分かりやすい。「論文」「その他」内容は、以下のとおりである。

　「論文」は、学術誌（世界規模および全国規模の学会誌や学術誌）、地方学会の研究機関誌、大学紀要、教育実践研究などに掲載された論文を指す。これらを「論文」としてまとめて記載している例もあるが、区分して掲載している大学もある。

　「その他」は、辞典・事典、ハンドブック、翻訳、報告書、研究ノート、研究資料、学会発表、発明・特許などである。

　また、「制作、演奏、競技などの実技に関する業績」は、「論文」や「その他」に入れたり、別枠にしたりさまざまである。教員養成系大学の場合、実技に関する業績は「その他」にすべきである。公表されている大学教員の研究業績を見ると、区分に疑問を感じるものも散見される。大学として精査することなく、教員本人の申告どおりに公表しているからである。客観的に評価する基準の明確化が望まれる。

　学校の研究発表には、公開研究発表会、研究紀要、教材・教具資料集、学習指導案集、美術作品集、個人やグループの研究を収めた冊子、作品展、演奏会などがある。学校は、さまざまな研究をして、多様な発表を積極的に行わなければならない。

　「著書」や「論文」に求められるのは、独創性、新規性、発展性、有用性、他への貢献である。附属学校に求められている研究の「実験的・先導的」は、独創性であり新規性である。そして、研究にとって最も重要なキー・ワードは独創性である。

　独立行政法人「大学改革支援・学位授与機構」では、学部・研究科等を代表する優れた研究業績として選定した研究業績に対して、５段階の判断

区分を示している。SS（卓越した水準）、S（優秀な水準）、A（良好な水準）、B（相応の水準）、C（相応の水準に未到達）の５段階である。この判断基準の是非はともかく、区分を適切に行い、研究の質を正しく評価しなければならない。

②　独創性がある

　研究は単にすればよいのではない。どこの学校も似たような授業や研究をしているのが不思議でならない。その授業が、普遍的な授業だとは思わない。常識にとらわれず、理想の授業を求めて果敢にチャレンジしなければならない。

　論文と同様に、学校の研究にも独創性が求められる。独創性のない研究は、研究とは言えない。独創性とは、既知の知ではなく未知の知である。未知の知は、簡単に見つかるはずがない。

　独創性があると思っても、先行研究ですでになされているかもしれない。先行研究にない研究、先行研究の先を行く研究になるためには、先行研究を徹底的に調べなければならない。研究が日常化していなければ、他の研究の状況を把握することはできない。ふだんから積極的に他から学んで、自校の研究テーマの立ち位置を知る必要がある。

　学校の研究計画は、研究主題、研究目標、研究主題、研究目標の設定理由、研究仮説、研究内容、研究方法などで構成される。現状は審査がないので、これらを決めて研究すればいかなる研究でも認められる。独創性を担保するために、研究テーマに関わる「他校のこれまでの研究の状況」および「本校の研究の独創性」の項目を新たに加える必要がある。

　他校のこれまでの研究の状況を把握しなければ、本校の研究の立ち位置が見えてこない。本校の研究の独創性も、他校のこれまでの研究の状況を受けて、本校の研究のどこに独創性があるのかを計画の段階で把握しておかなければならない。

　真の研究は、先行研究の後追いでも、二番煎じでもない。確固たる独創性がなければならない。少しばかり汗をかいても、形ばかりの研究からは実験的・先導的・独創的な研究は生まれない。乾いた雑巾を絞るくらいの

覚悟がなければ、実験的・先導的・独創的な研究という新しい道を切り拓くことはできない。

定期的に公開研究発表会を開催していても、その研究が実験的・先導的・独創的とは限らない。なぜなら、実験的・先導的・独創的が感じられない公開研究発表会が少なくないからである。

③　研究計画（理論的な裏付け、具体的な研究方法）がしっかりしている

附属学校以外で公開研究発表会を開催している学校は極めて少ないので、附属学校の研究を例に考えてみたい。

研究計画を見て、何を何のために研究するのか、何をどのような考え方や方法で研究するのかが明確に伝わってくる研究は少ない。附属学校の研究紀要を見ると、研究仮説の考え方（理論的な裏付け）や具体的な研究方法、つまり研究計画の粗い学校がほとんどである。研究計画が粗いから、研究の焦点も甘くなり、中心となるべき授業実践も半端になる。そして、評価も必然的に具体性に欠けたものになる。

粗くなりがちな「研究仮説の考え方（理論的な裏付け）」や「具体的な研究方法」を克服するために、何を何のために研究するのか、何をどのような考え方や方法で研究するのかを徹底的に練り上げる。徹底的に練り上げることを通して、中心となるべき授業研究や授業実践の焦点化を図らなければならない。教材研究と同じである。

研究成果は、研究計画の時点でほぼ決まる。研究計画が粗くならないためには、間口を広げないことである。間口を広げると総論的になり、焦点がぼける。間口を狭めて焦点化しなければならない。大きなテーマを掲げる場合は、サブテーマを決めて絞る必要がある。どだい、限られた期間で大きなテーマを研究するのは無理である。研究したいことを、どれだけ絞れるかが重要である。絞って、とことん掘り下げなければならない。

④　研究が日常化している

「学校の先生は忙しい」は、研究をしないことの免罪符にはならない。仕事が忙しいのは、あたりまえである。忙しいことを理由に、研究を深めなくてもよいことにはならない。教員にとって、研究は児童・生徒の学び

を深めるために不可欠である。時間を効率的に使い、教員にとって最重要である「研究」に邁進しなければならない。

ア　授業研究を学校運営の第一に掲げる

教育委員会の「学校教育指導の重点」に「授業の充実」を第一に掲げているところはあるが、「授業研究」を掲げているところはあまり見たことがない。授業の充実は、授業研究あってこそではないのか。学校要覧や学校経営要覧に、「授業研究」を第一に掲げている学校はほとんどない。学校要覧や学校経営要覧に「児童・生徒に育みたい資質・能力」や「研修」などは書かれていても、授業の質を高めるために不可欠な「授業研究」を強く打ち出している学校は少ない。学校は授業がメインなのに、不思議である。ここに、授業研究が遅滞している原因がある。

各学校は「授業研究」を学校運営の第一に掲げるとともに、第一にふさわしい具体的な計画を作成して実践しなければならない。

イ　個々の教員が積極的に研究している

教員個人およびグループによる研究が、活発に行われる学校でなければならない。教員個人およびグループの活発な研究が、学校全体の共同研究（公開研究発表会）の土台になる。教員個々の研究レベルと学校全体の研究レベルは、比例する。教員個人およびグループによる研究が活発に行われていれば、学校全体として研究が日常化している証である。そのような学校は、果たしてどれだけあるだろうか。

土台がしっかりしてくると、学校全体として取り組む必要がある研究課題が浮かび上がるので、公開研究発表会の研究テーマをゼロから考える必要がない。研究テーマを継続する場合であっても、ゼロからスタートするつもりで研究計画の作成に時間をかけなければならない。

なお、教員個人およびグループによる研究が予備研究の意味を持つ場合は、学校全体の共同研究である本研究をすぐにスタートすることができる。予備研究がなくても、いきなり本研究としてスタートすることが可能かもしれない。しかし、期間を限定してかまわないので、予備研究を少しでもすべきである。予備研究をすることによって研究の方向が明確になる

ことが期待できる。研究の方向が明確にならないが場合は、そのまま無理して進めるのではなく、研究テーマを変更しなければならない。

いずれにしても、教員個々の多様な研究の深まり抜きに、学校全体の研究は成立しない。そのためには、教員個々が研究をまとめ、学会、専門雑誌、研究大会などで積極的に発表していかなければならない。附属学校の教員は、教育学部紀要などを積極的に利用すべきである。さらに、学校単独または四校園（附属幼稚園、附属小学校、附属中学校、附属特別支援学校）として、発表の場所（紀要の類い）を設けるべきである。むろん、個々の教員には研究の見通し（短期・中期・長期）および国際的視野が求められる。

学校の全教員の研究業績を見ると、その学校の研究の質が推測できる。怠け癖を防止するためにも、教員は公開研究発表会とは別に研究をまとめ、最低でも毎年１編程度は発表すべきである。

　ウ　授業研究会が活発に行われている。

附属学校の研究紀要を見ると、研究計画の甘さ以上に、それを実証する授業実践や研究の深まりの伝わってこないものが大半である。たった数回の授業研究会で、研究を深められるはずがない。学校現場の授業研究会は、極めて低調でさみしい限りである。授業研究会は教員の生命線なのに、年に０～５回程度の学校が大半である。信じられないというか、驚くべき状況である。学校で行われる全ての授業のレベルを上げなければ、学校の教育目標は達成できない。全ての教員が最低でも年に２回くらいは授業を公開し、授業研究会で授業の長所と課題を具体的事実に基づいて深く議論しなければならない。

授業研究会が不活発な理由として、「質の高い授業研究（会）の経験がない」「学校を管理・運営する管理職や指導主事および大学教員に授業研究に関する業績が少なく、学校の授業研究会をリードできない」「授業研究会に積極的に取り組む必要性を感じていない」「学校の授業研究会に充実感が少なく、教員にとってめんどうになっている」などが考えられる。

授業研究会が週１回でも、大きな行事があるときは難しい。そのため、

開催できても年間30回程度になる。30回しかできないと考えるか、それとも30回もできると考えるか。筆者は30回しかできないと考える。ちなみに、年間100回くらい実施した学校がある。日常の業務や授業をこなすだけでいっぱいとの反論があるかもしれない。だが、それは授業研究会を頻繁に開催しなくてもよい理由にはならない。書類や資料の作成、会議への参加や運営、授業の準備と後片づけ、研究などを効率よくやるしかない。教員には、授業力を高めるための研究を重視した生活が求められる。

⑤　**児童・生徒に焦点を当てた研究になっている**

設定した研究テーマや研究方法の妥当性は、児童・生徒の学びがどれだけ深化したかにかかっている。それなのに、ややもすると研究テーマの設定理由、研究方法、評価方法などが強調され、「このように研究して、このような課題が残された」と、研究者（教員）がいかに研究したかに力点が置かれがちでる。

設定した研究計画は、児童・生徒の学びに迫るための一つの切り口である。切り口がどうだったのか、切り口に基づいた題材や単元の設定および支援方法がどうだったのかを、授業における児童・生徒の学びの事実と照合して、その意味を解明しなければならない。

研究テーマの設定理由、研究方法、評価方法は授業と一体なので、分かりやすく提示しなけらばならない。児童・生徒の学びの状況は、丁寧に読み拓いていかなければならない。つまり、児童・生徒の学びに焦点を当てた研究を追求しなければならない。研究は教員の都合で行われるが、あくまでも児童・生徒の学びの深化を探究するものでなければならない。

⑥　**授業研究が深められ、徹底的に議論されている**

　ア　**議論を深める**

授業研究会は、回数が多いだけでは議論を深められない。発言が一部の参加者にならないようにするためのグループ討議の導入、学びを深く洞察するための授業参観記録の工夫、議論を深めるためにの授業研究会の進め方の工夫などが求められる。

ふだんの授業研究会のメンバーのは、校内のみでよい。しかし、さまざ

まな視点から授業を評価するためには、児童・生徒の学びの本質に鋭く迫ることができる外部講師の招聘が欠かせない。

授業研究会では授業の長所や課題を表面的に指摘するのではなく、どの具体的事実が、どのような根拠で学びが深まっていたのか、あるいは深まらなかったのかを明らかにしなければならない。そして、学びが深められなかった活動はいかなる根拠に基づいて、どのように改善すればよいのかを展望しなければならない。授業研究会の参加者が学ぶべきは、まさにこの根拠である。

授業研究会で「どこまで学びの本質に迫ることができるか」「授業の長所と課題をどれだけ解明することができるか」は、授業研究会のやり方や参加者の授業力や研究意識にかかっている。授業研究会を通して、授業改善の本気度が問われる。

イ　題材論や指導方法論を克服する。

授業研究会での議論は、ややもすると教育方法である題材や指導方法がメインになる。児童・生徒の生命が輝いて、児童・生徒の学びが創造される学習活動になっているかを考える場合、確かに題材や指導方法は重要である。

しかし、「どのような題材を、どのように指導すればよいのか」を学ぶだけでは、表面的な議論つまりにハウ・ツー論に留まってしまう。

授業研究会で重要なことは、授業で展開された題材や指導方法が児童・生徒の学びの創造にどれだけ有効だったのかを検証することに留まってはいけない。授業研究会で議論すべきこと、参加者が真に学ぶべきことは表面的な題材論や指導方法論ではなく、児童・生徒に学びを創造するための題材や指導方法の根拠と、その根拠を支える教員の人間観・思考観・教育観である。実際の授業における具体的な題材や指導方法には、その題材と指導方法を選定した根拠があり、その根底に授業者の人間観・思考観・教育観があるからである。

題材や指導方法が変わるだけでは、授業の本質は変わらない。題材や指導方法を変えなければならない根拠と、その根拠を支える授業者の人間

観・思考観・教育観が変わることなくして、教員は変わることができない。

⑦　研究が主体的・自主的に行われている

「公開研究発表会があるから」「附属だから」「研究しなければならないから」研究するのではない。これでは「研究が先にありき」で、「研究しなければならないから研究する」ことになる。何を研究するかではなく、研究そのものが目的化する。研究は、決して義務ではない。研究は本来、教員としての力量不足を埋めるために、試行錯誤しながら主体的・自主的に取り組むものである。

深刻な力量不足感がなければ、研究テーマは思いつかない。深刻な力量不足感があれば、切実な研究テーマがあるはずである。

また、研究は成功が目的ではなく、研究のプロセスにこそ意味がある。研究のプロセスを通して、学びを深め、教員としての力量を少しずつ高めていくのである。研究は、附属学校の特権でも義務でもない。教員なら、学校なら、当然のことである。

校内外の研究会や研修会への参加も義務ではないので、強制されるものではない。公開研究発表会に向けての研究も、全教員が等しく関わらなくてもよい。教員には、研究に対する温度差がある。意欲のある、一部の教員が中心でかまわない。人一倍汗をかくのを厭わない教員が、リーダーとなって進めればよい。

⑧　外部と真の連携がとれている

研究で重要なことは、外部の視点である。講師を依頼する場合は、直系の大学教員、指導主事、OB、官僚を優先するのではなく、設定した研究テーマ（学校全体、分科会）に関わるスペシャリストが望ましい。結果的に、直系の大学教員、指導主事、OB、官僚になるのはかまわない。

いずれにしても、身近や県内に限定する必要はない。県外に適任者がいれば、積極的に交渉すべきである。せっかくエネルギーを費やして研究するのだから、最大の成果が期待できる外部講師を探さなければならない。附属の公開研究発表会に参加すると、圧倒的に直系の大学教員、指導

主事、OB、官僚が講師であることに驚かされる。内輪である。内輪は忖度が働きがちである。公開研究発表会の分科会で、大学教員の助言を聞いて失笑を禁じえなかったことがある。とても課題が多い提案授業だったのに、その課題を鋭く指摘することを遠慮したのである。そして、必死になって、無理して、授業の長所を探しながら助言しているのが手に取るように伝わってきた。

　助言は極めて重要で、研究を大きく左右する。適任の助言者を探すことは、容易でない。研究テーマに即した助言者を探すことも、重要な研究である。

　また、講師は同じ校種の関係者に限定する必要はない。特別支援教育学校の場合、授業の分科会は特別支援教育に関わる教育方法学のスペシャリストがメインでもよいが、保育園、幼稚園、施設、特別支援教育に直接関係ないスペシャリストでもよい。講演の講師は、教育界や校種に限定する必要はない。教育が総合的な営みである以上、教員の視野を広げるためには、他の校種や異分野も視野に入れるべきである。

　なお、研究テーマ（全校および分科会）に関わるスペシャリストの候補者は、日頃から先行研究などを勉強していないと思い浮かばない。教員養成系大学教員は教育方法のスペシャリストであるべきだが、残念ながら、教育方法学をリードできる教員は極めて少ない。学びの本質を深く読み拓くことができる大学教員は、全国でも一握りではないだろうか。猛省を促したい。大学教員も変わらなければならない。

　研究をリードできる大学教員がいれば、積極的に活用したい。適任者を探せない場合は、当てにしないでやるしかない。その場合は、教員養成系の大学教員に教育方法学を教えてやるくらいの気概を持ちたい。学校の教員が、教育方法学に疎い教員養成系大学の教員を育てるしかない。

　助言者に授業を深く読み拓く力がなければ、助言が印象論、一般論、抽象論、知識披露になる。公開研の分科会に参加して、学びの本質に切り込めない教員養成系大学教員の助言に物足りなさを感じたことが少なくなかった。ある公開授業で、「授業に詩がない」とコメントした助言者がい

た。「授業に詩がない」とコメントしてもよいが、その根拠を示すとともに、具体的な改善案を示さなければならない。それがなかった。一般論や抽象論、理屈を言うことは簡単なので、実際に授業をして手本を示してほしいと思った。

　授業研究とは、児童・生徒の学びに関わる具体的事実（こと）とその根拠（わけ・意味）を解明していくことである。具体的事実とその根拠をどこまで深く読み拓くことができるかが鍵を握る。授業研究で児童・生徒の学びをどこまで解明できるかは、多様な視点から根拠を深く読み拓くことができる助言者や参加者がどれだけいるかに左右される。そのため、当該校教員のみの校内授業研究会には限界がある。多様な視点を確保するためには、学びの本質に迫ることができる外部の参加者が欠かせない。根拠を深く読み拓く力は学校教員にも求められるが、教員養成系大学教員にはいっそう求められる。

　指導主事は校長や教頭よりも職位が低いため、自分よりも職位が上である校長や教頭に気を遣い、学校訪問などで厳しい指導や助言を控えがちである。指導主事は校長にも厳しく指導や助言ができなければならない。指導主事はスーパーバイザーである。職位も校長と同格かそれ以上で、授業の実践力及び教育方法学の研究業績に優れた教員を充てるべきである。よって、50歳半ばくらいまでは授業実践を徹底的に掘り下げて研究業績を積み上げ、その研究業績を基に説得力のある指導や助言が自分の言葉でできなければならない。しかし、現状は研究業績を積み上げる前に若くして任命されるため、中途な実践と研究に基づく指導や助言、他人の実践や理論の紹介、教育行政（文部科学省や教育委員会）の広報になりがちである。中途半端な年齢で指導主事になるのは、本人にとっても、教育行政にとっても不幸なことである。何よりも、児童・生徒が不幸である。

　⑨　**授業が変わり、教員が変わる研究になっている**

　研究（授業研究）の目的は、題材を考えたり指導方法を工夫したりすることではない。まして、知識や指導技術を得ることでもない。授業が、本質的に変わることである。授業が変わるためには、教員自身が本質的に変

わらなければならない。知識や指導技術を得ることは難しくないが、教員自身が本質的に変わるのは容易ではない。

　たしかに、ふだんどおりの準備をして、ふだんどおりの授業をしたほうが楽に決まっている。身近（勤務している学校、地域、県内）であたりまえ（常識）の実践をしていれば楽だし、仕事は務まる。しかし、その狭い世界で通用していることがほかでも通用するとは限らない。授業の本質に迫る実践や理論を積極的に学ぶことなしに、自分の授業を質的に変えることはできない。

　膨大な本を読んだり、学会や研究会に積極的に参加しても、授業が変わるほどの学びを得られる保証はない。そもそも、学びに必要な難しい文献を読んだり、経費と時間をかけて学会や研究会に参加するのは大変である。自分の授業を妥当（合格）と考えているかぎり、厳しい学びの旅には出られない。授業が変わるほどの学びは、頭の中にある知識や意識を越えて、体ごと実感してこそ得られる。

　人間、生死に関わることは必死になって対応する。児童・生徒が授業で何を学ぶかは、児童・生徒のその後の人生を左右する重大な問題である。しかし、多くの教員は自分の授業に課題があることが口先だけに留まりがちなので、深刻に受け止めない。研究も、ほんものになっていかない。

　人間は、自分の能力の範囲でしか物事を把捉できない宿命がある。自分の能力を打破する力は、他からの学びによってしかもたらされない。他からの学びによって自分の授業が変わると学びを実感することができるので、ますます学びが深まる。好循環になる。

　真のプライドや信念は、自分の考えややり方に固執することではなく、教員自身の授業力を高めるために不断に自己変革し続けることから生まれる。授業を本質的に変えるためには、教員自身が変わらなければならない。教員が変わるほどの研究や試行錯誤には、想像を越える労力が要る。理屈では理解しても、「こうしてはいられない」という緊迫した切実感がないと、厳しい研究をするのは容易ではない。教員自身が変わるということは、他からの学びによって、教員自身が持っている能力ではできない高

みに登ることである。教員自身が他からの学びによって変わることなしに、高みに登ることはできない。変わるためには、「自分の授業を本質的に変えたい」「児童・生徒の学びの状況を深く洞察できるようになりたい」という、緊迫した意識がなければならない。この緊迫した意識をもたらすのは、教員としての深刻な力量不足感である。

　ところが、自信に満ちた研究発表にしばしば遭遇して驚くことがある。この自信がどこから来るのかは分からない。研究は、決して自慢するためではない。教員としての力量不足感があれば、とても自慢できるものではない。深刻な問題点（課題）を突きつけられ、実感してこそ、なんぼの世界ではないのか。

　残念ながら、教員（大学教員および学校教員）が授業や研究の質を問われることはない。授業や業務をこなせば、務まる職業に成り下がっている。授業を極めようと努力を惜しまない教員もいるが、そうではない教員も少なくない。

　教員としての力量不足を、口先だけではなく深刻に実感していれば、力量不足を埋めるために必死になって勉強する。教員としての力量不足は、授業で立ち往生する、実践や研究の問題点を厳しく指摘される、優れた実践に目を覚まされるなどの体験がないと生まれない。しかし、教員としての力量不足を実感できるこれらの経験は簡単には得られない。

　そこで、教員としての力量不足を実感するためには、「授業の本質に迫る授業研究会を模索したり、参加したりする」「他人の授業を参観する」「授業に関わる外部の研究会などに参加する」「実践をまとめて、率直かつ厳しく議論できる場所に発表する」「文献を読破する」などを推進するしかない。校種や専門分野に関係なく、自分が学べる研究会や人と多く出会い、増やしていけるかが大きな鍵を握る。

　⑩　研究を評価する

　学校では、学校、学部、学年、学級、教科、領域、題材および単元、行事などに必ず目標が掲げられる。しかし、目標を達成するための具体的なアクションプログラムが策定されていないか、策定されていても吟味さ

れないまま看板に終わっているのが実情である。PDCA（計画、実践、評価、改善）サイクルに照らすと、目標を達成するための具体的計画がないので、具体的な実践がされない。具体的な実践がされないので、具体的に評価できない。具体的に評価できないから、具体的な改善ができない。

　授業して、評価し、評価を生かして改善しているとの反論があるかもしれない。個々の授業に関しては、多少あるかもしれない。しかし、例えば学校目標に対して、具体的な計画をきちんと作成し、その計画に基づいて実践し、評価し、改善し、改善した計画に基づいてさらなる実践をしているだろうか。義務としての学校評価があるので、評価しなければならない。しかし、評価項目はあっても具体的な評価基準がないので、「よい、どちらかといえばよい、どちらかといえばわるい、わるい」「達成できた、ほぼ達成できた、あまり達成できない、達成できない」などの４段階などで評価することが多い。具体的な評価基準がないので、教員の感覚や印象で評価することになる。教員の感覚や印象には個人差があること、教員によって基準に甘辛があることなどを考えると、評価結果は信頼できない。しかも、これは評価ではなく、評定である。評価とは、長所と課題を明らかにすることではないのか。長所を更に伸ばし、課題を改善するために評価がある。現状の学校評価は、残念ながら授業改善に直結していない。評価のための評価になっている。

　研究の評価も同様である。具体的で詳細な研究計画があれば、実践も評価もより具体的なものになり、改善に生かされる。研究が甘ければ、おのずと評価も甘くなる。研究が具体的にイメージできて、研究のシミュレーションがしっかりできるまでに研究の中身が吟味されていなければ、適切な評価はできない。

　研究のレベルとPDCAの内容は比例する。切実な授業改善に対する意識があれば、改善のためのPDCAサイクルは充実する。一方、義務感で取り組んでいる研究は切実な授業改善に対する意識が希薄なので、PDCAサイクルは形骸化する。公開研究発表会が終わればほっとし、そこで研究を遮断する。本来であれば、公開研究発表会が終了したら、研究を上書きして

いくためにさらなるエネルギーを注がなければならないのに。

8　経費を考える

（1）　備品と消耗品の予算が少なすぎる

　授業するにも、研究するにもお金がかかる。必要経費は全て公費で賄うべきだが、学校の予算は驚くほど少ない。

　私立の養護学校に勤務したときは、授業に必要なものは比較的買うことができた。市立中学校および、県立・国立の養護学校（特別支援学校）に勤務したときは、備品と消耗品の予算の少なさに驚いた。個人的に負担したこともある。教員の働き方改革は進めなければならないが、教育にはもっと予算が必要である。

（2）　教員に必要な経費が支給されない

　中学校に勤務したときは美術の担当だったので、エプロンくらいで済んだ。しかし、養護学校（特別支援学校）はいろいろな授業を担当する。体育の授業を担当すると、上下のスポーツウエア、水着、スキー用具一式などが必要である。作業学習や現場実習では、作業服と作業帽を着用しなければならない。長靴も必要である。県立養護学校に勤務したときはスポーツウエアが支給されたが、それ以外は自分で買わなければならなかった。

　災害が発生すると、作業服を着た首相、大臣、首長、行政職員が会議している場面がよくテレビに映し出される。ネーム入りのおそろいなので、公費で購入していると思われる。業務に必要な教員が自己負担で、業務に必ずしも必要でない首相、大臣、首長、行政職員が公費なのはおかしい。消防署員などは、現場に出るから必要である。汚れる災害現場で作業するのに着用するなら理解できるが、会議で着用しているだけである。やっている感を出しているにすぎない。作業しないのに、作業服を用意するのは税金の無駄遣いである。中央官庁や全国の自治体では、相当な金額になると思われる。作業服を自分で購入している教員からすると、腹立たしい。

　教員は研究のために専門書を買うことが多い。大学教員は個人研究費があるので、その中から購入することができる。個人研究費とは別に、図書費を計上している大学も多い。筆者が大学に採用されたとき、初年度は40万円支給された。附属図書館に美術教育の専門書があまりにも少なかったので、それで購入することができた。学校は図書購入費があっても、極めて少ない。まして、個人研究費はない。よって、専門書は全て自費で購入した。また、教員用の図書室がある学校は、あまり聞いたことがない。教員用の図書室は完備しなければならない。

　また、教員は研究のために学会や研究会などに参加したり、調査などに出かけることも多い。出張である。大学教員は個人研究費があるので、その範囲内では出張に個人研究費を充てることができる。しかし、学校教員には個人研究費がない。しかも、学校の旅費は極めて少ない。修学旅行などの必要なものを除くと、教員が研究のために使うことができる旅費は少ししかなかった。附属学校で学部主事を務めていたときは、所属していた学部に10人弱の教員がいたが、1人5万円として、2人分10万円くらいの旅費しか出せなかった。学部の研究担当者に優先して使ってもらうと、その他の教員にはがまんしてもらうしかなかった。

　学校の課題研究の一つに「美術」が決まったとき、素材としての「土粘土」に着目して研究することになった。課題研究は成果と課題を研究紀要にまとめ、公開研究発表会で発表する。よって、課題研究は公務としての共同研究であって、個人研究ではない。

　課題研究を深めるために、先駆的な実践をしている滋賀県の施設の見学が欠かせないと思った。そこで、筆者を含む3人の教員（小学部、中学部、高等部から各1人）で滋賀県の施設を視察したいと考えた。管理職に話したら旅費がないから、出張扱いにはできないという。年休を取って行くのはおかしいと思って、旅費が支給されない研修旅行扱いをお願いしたら了承された。学校の課題研究に関わることなのに、学校の旅費そのものが少ないから出せないのである。青森県弘前市から滋賀県までの往復の経費を、3人とも自己負担した。

　筆者が教員をしていたときは、土曜日の午前も授業があった。土曜日は昼に退校できたが、午後も残って仕事をした。授業を休みたくなかったので、遠方に研修で出かける場合は、夜行バスや寝台列車を利用したことも多かった。土曜日の夜に出発し、月曜日の早朝に到着して、そのまま出校した。むろん、この場合の交通費も自己負担した。

　筆者は授業研究のために、学会、研究会、視察などに数多く参加したが、いずれも旅費は自己負担した。公費が支給されないので、参加しないことも選択できた。しかし、授業力の向上のためには他からの学びが欠かせないと思っていた。教員の働き方改革は進めなければならないが、教員が授業力を高めるための旅費があまりにも少なすぎる。

　教員は児童・生徒のために収入を得て生活できているので、少しは児童・生徒のため支出してもよいと思っている。しかし、それにしても教員に必要な予算があまりにも少ない。仕事のために買った最初のパソコンが一式約100万円だった。そのほかワープロ、和文タイプライター、写真関係（機材、フィルム、現像、プリント、アルバムなど）、図書、教材（備品、消耗品）、旅費、衣類（体操着、作業服など）と、どれだけ授業や研究のために自己負担したのだろうか。授業や研究のための予算が拡充されても制限は生じると思うので、公務に必要な経費を自己負担した場合は必要経費として認めるべきである。

　金がないからできないというのは言い訳であるが、公務に必要な経費は支給されなければならない。むろん、科研費や民間の助成財団などの外部資金も獲得しなければならない。そのためには、教員は外部資金の詳細を把握しなければならない。

　余談だが、筆者は教員生活の大半が養護学校（特別支援学校）だったので、卒業生から結婚式に招待されたのは1回だけだった。知り合いの高校教員は、卒業生からの結婚式の招待が多いので、うれしいことだが、出費が大変だと話していた。

9 教員の都合よりも、児童・生徒の都合を優先する

簡単に学びを創造できるなら、教員は苦労しない。児童・生徒に学びを創造するためには、教員に苦労が付きまとう。苦労したくない教員は、苦労したくないという教員の都合を優先させる。

興味・関心などの児童・生徒の実態を無視したり、学びが頓挫しているのに授業を継続したり、学びが高まっているのに打ち切るのも教員の都合である。また、児童・生徒の学びを、物事の本質に迫ることではなく、一つでも多くの知識（それも識）を覚えることと考えるのも、教員の都合である。校則などを教員だけで決めるのも、教員の都合である。

教育は教員よりも年下の人間を対象に行われるので、ややもすると、児童・生徒は教員よりも能力や知識が劣ると誤解して、教員の考えを優先しがちである。これも教員の都合である。

本来、教員と児童・生徒は別生命であり、別人格であり、対等かつ平等な関係である。ということは、教育の主権者は児童・生徒なので、教員は児童・生徒の公僕である。対等かつ平等な関係というよりも、児童・生徒のほうが上と考えなければならない。教員は、児童・生徒の上にいるというお上意識を払拭しなければならない。

教員は誰でも、児童・生徒とは対等かつ平等な関係であると思っている。しかし、教員の能力や意志とも関わるので、児童・生徒の都合に全て合わせられるわけではない。できるだけ合わせられるように、教員としての資質の向上に邁進するしかない。

以下、「土粘土」で教員の都合を考えてみたい[34]。

世界は時間と空間からなる三次元の立体なので、平面（二次元）は抽象化された世界である。造形表現は土粘土作品のような立体（三次元）も大事だが、絵画などの平面（二次元）も大事である。よって、土粘土も絵画も同じくらい重要である。

かつての千葉盲学校や弘前大学教育学部附属養護学校の美術作品展で

は、児童・生徒の個性が開花した土粘土作品がたくさん展示されていた。この実践を通して、土粘土が児童・生徒の学びに優れていることが証明されている。また、千葉盲学校や弘前大学教育学部附属養護学校の実践以前から、滋賀県の施設（落穂寮、第二びわこ学園、一麦寮など）では土粘土に着目し、今日まで積極的に採り上げている。しかし、特別支援学校の美術作品展では、土粘土よりも絵画の作品が圧倒的に多く展示されている。

　土粘土は可塑性に優れるので、自分の思いのままに操作しやすい。やり直しも簡単である。触覚を通して、土粘土のぬくもりなども感じることができる。それなのに、多くの特別支援学校は土粘土を積極的に採り上げない。子どもの都合を考えると、土粘土を積極的に採り上げなければならない。土粘土を積極的に採り上げないのは、教員の都合以外の何ものではない。教員の都合を優先するのは教員のエゴイズムである。土粘土を採り上げているとの反論があるかもしれないが、ほんの数回では採り上げたことにならない。

　いかなる職業もまじめに取り組むのは当然であるが、教員は「労力をいとわない教員」と「できれば労力をかけることは避けたい教員」に二分できる。絵画に比べると、土粘土がいかに教員の労力を要するかを確認したい。

　土粘土を積極的に採り上げない理由に、土粘土に関する専門的な知識・技能がないことを挙げる教員がいる。何事も、最初は知識・技能に乏しいのがあたりまえである。時間をかけて教材研究し、専門的な知識・技能を身に付けていくしかない。土粘土の場合も、どんな土粘土が適しているのか、成形にはどのような方法があるのか、焼成はどのようにしてするのか、釉薬はどのようなものでどのような方法で掛けるのか、どのような道具を使うのか、作品が壊れたらどのように修理したらよいのかなどは、必死になって身に付ければよい。そもそも教材研究を十分にしていない題材を授業でとりあげるのは、児童・生徒に失礼である。土粘土に関わる専門的な知識・技能の乏しさは教員の都合であって、児童・生徒には関係ない。

　絵画に使う紙は価格が安いので、紙の購入に苦労する教員はいない。しかし、絵画に比べると土粘土は高いので、土粘土を買う予算がないことを土粘土を積極的に採り上げない言い訳にする教員がいる。

　大事なのは、土粘土のよさに着目したなら、土粘土の確保に奔走すればよいだけである。少しでも多くの土粘土を入手する作戦を立てる。学校や教員の居住地近くの工事現場や野山などから、粘土層を探す。教材店から買うと割高になるので、粘土瓦製造業者、レンガ製造業者、陶器製造業者などに交渉して安価で分けてもらう。このように、いろいろな方法が考えられる。筆者の場合は雪国の学校だったので、粘土瓦製造業者やレンガ製造業者は近くになかった。そこで、地元の陶器製造業者を訪ねて分けてもらったり、県外の陶土専門業者からまとめて購入したりした。工事現場や野山などから粘土層を探してサンプルを採取したこともあったが、耐火度や収縮率から、使用できる粘土にたどり着くことはできなかった。美術作品展のあとに、大量の土粘土を寄附してくれる会社があった。土粘土の確保に苦労していたので、大変ありがたかった。

　多くの土粘土を確保するには多大の労力を伴うが、少しでも多くの土粘土を確保するのも重要な教材研究である。土粘土のよさに着目して実践を積み重ねていけば、児童・生徒の個性が開花するので土粘土のよさを実感する。しかし、土粘土を積極的に採り上げなければ児童・生徒の個性が開花しないので、土粘土のよさを実感することができない。そのため、土粘土の確保にも必要性を感じない。「土粘土を積極的に採り上げない → 児童・生徒の個性が開花しない → 土粘土を積極的に採り上げようとは思わない」という悪循環に陥る。

　また、絵画は事前の準備をあまりしなくても授業が可能である。授業開始時にその場で紙や描画材料を出しても、特段困ることはない。土粘土の場合は、陶工室（陶芸室、粘土室）、図画工作室、美術室などの机が完備している場所でも、事前に土粘土を運んで確認しておかなければならない。バケツ、道具類、粘土板、雑巾なども準備しておかなければならない。普通教室で授業する場合は、ブルーシートなどの準備が必要になるこ

ともある。

　授業終了時は、絵画の場合は描画材料と作品をそのまま短時間で保存することができる。筆やパレットを使っても、簡単に洗うことができる。一方、土粘土の場合は、作品や残った土粘土を片づけたり、机を何度も拭いたり、道具類を洗って保存しなければならない。特に土粘土作品は絵画作品のように重ねることができないので、相応の保管場所も必要になる。学校で広い保管場所を確保するのは簡単ではない。保管場所が多少あったとしても、1点でも多く置けるようにするために棚板や仕切りなども用意しなければならない。作品の移動にも、時間を要する。これらを、空き時間の少ない勤務時間内か勤務時間外にやらなければならない。

　授業後は、絵画作品は特にすることはないが、土粘土作品は作品の個性が生かされる焼成を考えなければならない。施釉する場合は、施釉の前に素焼きをしなければならない。本焼きは、高温で焼成しなければならない。自動焼成機能のある焼成窯だとときどき様子を見ればよいが、それでも焼成には時間がかかる。薪窯は、大量の薪を準備するのも大変である。薪窯焼成は電気窯、ガス窯、灯油窯に比べると時間がかかるうえに、薪を次々と焚き口に投入しなければならないので、その場から離れることができない。筆者は簡易穴窯を造って、薪で何度か焼成したことがある。土曜日は午前も授業があったので、「土曜日の午後から日曜日」や「日曜日と祝日の月曜日」の休日を焼成に当てた。同僚も積極的に協力してくれた。夜中に、保護者といっしょに焼成を見学にきた生徒もいた。

　どの窯であれ、1回に焼成できる作品の数は限られるので、何回も焼成しなければならない。作品が多くなると、相当な回数焼成しなければならない。小学校、特別支援学校、保育園などの作品展で、素焼きのまま展示されていた作品を少なからず見たことがある。どう見ても、素焼きが最良の焼成方法であるとは思えなかった。本焼きは何日も要しないので、本焼きする気があればできたはずである。焼成窯がなくても、野焼きがある。児童・生徒の作品に合う本焼き（焼き締め、施釉、野焼き）を考えて焼成するのは教員の労力を多く伴うので、労力をあまり伴わない素焼きにした

と思われる。教員にとって、本焼きがめんどうだったにすぎない。命が吹き込まれた土粘土の作品を、素焼きによってだいなしにしたことをなんとも思わない教員の心情が悲しい。教育は、ともに生命ある教員と児童・生徒による営みである。活動から生まれる全てのものには、生命が宿っている。教育は、生命の輝きを目指して展開される。ならば、教員は生命をいとおしみ、生命が最大限に輝くように全力で取り組まなければならない。「素焼き」でよしとする教員に、教員の資格があるとは思わない。

　土粘土作品は、焼成後も保管場所が必要である。保管方法を工夫しても、限界がある。また、作品展を開催する場合は、絵画作品は額装しても重ねられるし、運搬や展示も楽である。一方、土粘土作品は壊れないように梱包をしないと運搬できない。箱やクッション材も確保しなければならない。土粘土作品は壁に掛けられる作品は限られるので、机や床などにも工夫して並べなければならない。展示会場に机や台などがなければ、運ばなければならない。机や台があったとしても、そのままでは作品が輝かないこと想定されるので、工夫するための材料も準備しなければならない。運ぶための車も確保しなければならない。

　絵画も土粘土も、材料を与えるだけでは児童・生徒に学びは創造されない。児童・生徒に学びが創造される環境を考えたり、制作のテーマなどを工夫しなければならないのは共通している。しかし、絵画と土粘土の明確な違いは、土粘土が「土粘土に関わる専門的な知識・技能」「費用」「授業前の準備」「授業中の対応」「授業後の作業」「作品の焼成」など、絵画を採り上げるときとは比較にならないほどの知識と労力が要ることである。実際に土粘土をやればやるほど、教員の労力は半端ではない。しかし、土粘土に取り組んでいるときの児童・生徒の輝きを目の当たりにすると、教員の労力は吹っ飛ぶ。

　粘土を採り上げても、土粘土ではなく、紙粘土や油粘土を採り上げる教員も少なくない。紙粘土や油粘土を採り上げるのは、児童・生徒の都合ではなく、教員の都合にすぎない。紙粘土はべとつくうえ、繊維が絡まって自由に操作しづらい。油粘土も、油っぽくにきにきした嫌な触感がある

うえ、弾力があって自由に操作しづらい。児童・生徒の都合からすれば、紙粘土や油粘土はなんとも扱いにくい粘土である。しかし、教員からすれば、紙粘土や油粘土は焼成する必要がない。油粘土は、プラスチックケースに保管しておけばいつでも取り出して使える。このように、紙粘土や油粘土は土粘土に比べると教員の労力を要しない。

　土粘土のよさを否定する教員はいないのに、積極的に採り上げない理由に費用や専門的な知識・技能を挙げる教員が少なくない。これらとて、教員が努力すれば確実に解決できる。しかし、本心は多くの時間が取られ、多くの労力を要することから逃れたいのである。これは、教員のエゴイズム以外のなにものでもない。児童・生徒に学びを本気で創造しようと思えば、徹底的な教材研究は避けられない。土粘土を積極的に採り上げない教員は、徹底的な教材研究も避けたいのである。よって、土粘土を積極的に採り上げるかどうかで、児童・生徒に学びを本気で創り上げようと努力する教員かどうかを見抜くことができる。

　以上から、教員の都合によって、児童・生徒に学びを創造するための条件に合致した題材が必ずしも選ばれるとは限らない。児童・生徒の都合に照らせば、選ばれて当然な題材でも選ばれないことが少なくない。大変困ったものである。

　土粘土を積極的に採り上げない教員にもプライドがあるので、「教員にとっては、土粘土よりも紙粘土や油粘土が楽である」とか、「児童・生徒にとって土粘土がよいことは分かっているが、積極的にやると大変忙しくなる。忙しくなるのはごめんだ」などの本音は、口が裂けても言えない。

　教員の都合が絡まるので、児童・生徒の都合を第一に考えた題材が必ずしも選ばれないという残念で悲しい状況がある。この状況をどのように受け止めて、どのように改善・克服していくかが教員一人一人に問われる。

10　教えることは学ぶことである

　児童・生徒がものを覚えたからと言って、成長したとは言わない。単に、知識が増えたに過ぎない。教員が持っている知識を児童・生徒に伝えることは、単なる知識の伝達であって、教育ではない。知識の伝達が教育なら、教員はせっせと児童・生徒に知識を蓄積させればよい。

　教育は、学びを創ることである。学びは、物事の本質に迫ることである。延々と続く学びの階段を登っていくことである。同じ段にとどまるのは、学びとは言えない。

　教育は教員が教えたいことを、児童・生徒が学びたいことに転化する活動である。教えたいことを学びたいことに転化するためには、徹底的な教材研究を基に、授業構想を練って授業に臨まなければならない。授業で学びを創造できる場合もあれば、学びを創造できない場合もある。教員が予想した範囲の活動では、児童・生徒にも、教員にも学びは生まれない。学びとは発見でもある。教員の予想を超えるとき、超えぐあいに応じて学ぶことができる。「こうすれば、こうなるのか！」と気づかされるのである。ここで、教員の学びがほんものになる。

　教員の学びがほんものになったときは、教員が変わるときである。なぜなら、それまでよいと思っていた題材や支援方法の変更を余儀なくされるからである。教員が変わることによって、児童・生徒が変わる。児童・生徒が変わることによって、教員が変わる。児童・生徒と教員は一体である。教員が変わらずして、児童・生徒は変わらない。教員が変わるために自ら学ばずして、児童・生徒の学びは創造できない。

　図１(65頁)の２つの事例の４年目と６年目の変化を目の当たりにして、大量の土粘土を用意して自由に取り組ませると、生徒の心情が開花することを教えられた。事例１と事例２は、美術の時間だけでなく、やきものクラブにも所属し、大量の土粘土で相当な回数取り組んでいる。

　児童・生徒に学びを創造するために、教員は学び続けなければならな

い。知識を増やすだけなら簡単だが、児童・生徒に学びを創造するための
教育方法を発見し、そこから学ぶことは簡単ではない。教員が学び続ける
ことこそ、教員の使命である。ここに、教員のやりがいがある。

11　附属学校の使命を考える [35]

　どこの附属学校も文部科学省の施策を受けて、附属学校の使命として、
「①実験的・先導的な学校教育」「②教育実習の実施」「③大学・学部にお
ける教育に関する研究への協力」の 3 つ掲げている。しかし、附属学校か
否かに関係なく、学校は質の高い教育を探究していかなければならない。
教育実習の要請があれば、受け入れなければならない。研究者などの専門
家とも、連携しなけらばならない。国が附属学校を設置しているのは、全
国の学校が「人格の形成」を確かなものにするために、先導的な役割を期
待しているからである。
　実験校として附属学校が存在する意味は、学びを創造するための授業
を実験的・先導的に探究することにある。未知の問いに基づく独創的かつ
大胆な研究・実践に取り組み、新しい知を発信し続けなければならない。
「知の冒険」である。教育実習や地域社会への貢献も、「知の冒険」がもた
らす授業改善へのあふれる情熱、授業改善に向けての強力かつ具体的な研
究・実践の取り組み、学びを創造する新しい切り口あってこそである。授
業改善（研究）、教育実習、地域社会への貢献の成果は、現状の授業を改
善して学びを質的に高めようとする教員個々および教員集団のエネルギー
に左右される。
　よって、附属学校の教員（附属なので大学教員も）に最も問われるの
は、授業改善への強固な意志であり、他校の手本となるような質の高い研
究・研修であり、全国の教育をリードする気概である。
　文部省主催の「東日本国立大学附属学校長教頭等研究協議会」が、1971
年に宮城教育大学で開かれている。会場校を代表して、林竹二宮城教育
大学長が挨拶している。挨拶の中で、附属学校の在り方を鋭く指摘してい

る。

　林竹二が指摘した問題は、次の７つに要約できる[36]。

① 附属学校が大学の附属としてどうあるべきかについて、根本まで掘り下げて、改めて抜本的に考えなおされたことがない。

② 附属学校が大学の研究に協力する機能がひどく稀薄になり、学生の実習指導に責任を持つことに矮小化され、すりかえられている。

③ 教養審の答申では、教員養成の基礎になる教育諸科学をつくりだす仕事の中で、附属学校が引受けなければならない重要な任務についてほどんどふれていない。

④ 臨床的な教育科学はまだ生まれていないので、それを附属学校が軸心的な任務を引受けなけらばならない。それができなければ、附属学校としての任務は遂行できない。

⑤ 大学が本気で教員養成に責任を持つなら、臨床的な教育の学問をつくりあげる努力を避けることができない。その拠点は附属学校以外にないので、附属学校の任務は重大である。

⑥ 附属学校における臨床的研究によって、授業を根本からとらえなおすことができなければ、附属学校はその本来の任務に堪え得ない。附属学校には、その種の問題意識が欠けている。

⑦ 大学学部の研究、研究の質にも重大な問題がある。

　近年は多くの大学に教職大学院や教育実践総合センターが設置されているが、残念ながら、上述した７つの指摘は指摘から50年以上経った現在も変わらない。教職大学院や教育実践総合センターの設置によって、学校現場の教育の質が向上し、児童・生徒の学びが深化した実感はない。それどころか、指摘された内容に関する問題意識が稀薄になっている気がしてならない。

　この協議会には、教員養成系大学教授である附属学校長も参加している。どのような思いで、指摘を聞いていたのだろうか。学部・附属学校に戻ってから、指摘に応えるための具体的なアクションを起こしたのだろう

か。いっしょに参加した教頭（副校長）も、附属学校に鋭く突きつけられた深刻な宿題であるとの自覚を持ったのだろうか。それとも、出席した教員養成系大学教授（附属学校長）および教頭（副校長）にとっては他人事で、自分の大学・学部や学校とは直接関係ない問題だったのだろうか。

　残念ながら、今日でも依然として附属学校不要論はあるし、附属学校がその使命を十分に果たして、期待に応えているとは言いがたい。全国の附属学校を維持するのに要している経費の総額は、相当なものであろう。ならば、附属学校を解体し、地域の学校で学べば済む。そして、地域の学校の研究・研修を活性化すればよい。

　附属学校の存続が問われているのは、研究・研修の質が問われているからである。問われているのは、附属学校だけではない。附属学校に直結している大学教員も、あぐらをかいてはいられない。大学教員の中には、授業参観や授業研究会への参加と助言、公開研究発表会助言者などで研究に関わっていると反論する人がいるかもしれない。しかし、問題は大学としての組織的な関わりと、関わりの内容である。

　大学教員が附属学校の使命である「実験的・先導的な学校教育」「教育実習の実施」「大学・学部における教育に関する研究への協力」に積極的に関わり、附属学校の教育・研究を積極的にリードしているとは言えない。残念ながら、附属学校を訪問したことのない直系の大学教員が少なからずいる。さらに、「学習指導案の作成法を、自分の講義では教えていない」「授業は現場のことでしょう」と公言してはばからない直系の大学教員もいる。

　附属学校不要論をぶっ飛ばしたいなら、前述した附属学校の３つの使命「①実験的・先導的な学校教育」「②教育実習の実施」「③大学・学部における教育に関する研究への協力」に対応した具体的な短期・中期・長期計画を立てるとともに、自他とも認める研究成果を確実にあげなければならない。そして、評価を厳しく行われなければならない。附属学校の使命を十分果たすことができるかは、大学及び附属学校およびそれぞれの教員の意識にかかっている。

12　文章力を磨く

（1）　自己流を克服する

　教員の文章力には課題が多い。なぜだろうか。それは、小中高でも、大学でも、教員になってからも、文章を磨く機会があまりないからである。

　教員は、授業や校務分掌などに関わる資料を作成したり、学習指導案を書いたり、研究会などで発表したりする。自分の書いた文章は良いと思っている。しかも、これらの資料は例外を除いて、自分が書いたものがそのまま通る。誰かに一字一句まで厳しく直されることはない。よって、いつまでも自己流の文章が続くので、文章力はなかなか向上しない。

　優れた実践をしている保育士に本の出版を勧めたことがあった。その人はチェックされる原稿を書いた経験がなかった。原稿の一部を見る機会があった。想いにあふれる熱い文章だったが、活字にするには課題が多い文章だった。朱を入れてみたら、あまりの多さに途中で投げ出した。出版された本は見事に修正されていた。編集者の苦労がいかほどだったか。そういう筆者も、教員になって20年くらいはめちゃくちゃだった。ここ10年くらいで、少しましになっただけである。

　作家の文章は、とても読みやすい。簡潔明瞭で、文構造がしっかりしている。出版に至る過程で師匠や編集者、校閲者などから厳しいチェックを受けて、何度も修正され、完成度の高い文章になる。図書や審査のある論文をたくさん執筆している教員は、作家のように厳しいチェックを受けているので文章力がある。しかし、このような教員は極めて少ない。教員の研究業績が少ない証拠でもある。

　文章力を高めるためには、図書や審査のある論文を執筆する、作家の文章を分析してまねする、文章力のある人に原稿を厳しくチェックしてもらう、文章執筆上のポイントを理解する、これらが欠かせない。いつまでも自己流では、文章力は決して向上しない。最近出版された作家の文章では、小池真理子の『月夜の森の梟（ふくろう）』（朝日文庫、2024年、770円）をお

勧めする。

（2）　文章執筆のポイントを知る [37]

　文章は、簡潔明瞭で分かりやすくなければならない。同時に、見やすくなければならない。

　公表されている紀要、図書、論文、資料などを見ると、長すぎるセンテンス、曖昧な文構造、語尾の不統一、不自然な読点の位置、不要な記号、見出しの数字の後の不要なピリオド、書名およびカギ括弧に中の括弧を表す括弧（『　』）の誤用、罫線の誤用、口語体の使用、常用漢字への非準拠、過剰に丁寧な言葉、段落の少なさなどが散見される。

　学校なども組織として、出版社や学会および官庁などの「執筆要領」や「公文書作成の指針」などを調べて、執筆要領を定める必要がある。

　よい文章の条件には、簡潔かつ明瞭で分かりやすいこと、見やすいことの２点が挙げられる。さらに、読点や記号の正しい使い方や常用漢字への準拠なども求められる。

①　文章が簡潔かつ明瞭で分かりやすい

　簡潔明瞭で分かりやすい文章には根拠がある。簡潔かつ明瞭で分かりやすい文章の条件として、以下の９つ挙げたい。

① 文構造がしっかりしている。

② 一つの文章が長くない。

③ 話し言葉（口語体）や不要な言葉がない。

④ ら抜き言葉が使われていない。

⑤ 必要以上に丁寧に書かれていない。

⑥ 語尾が統一されている。

⑦ 句読点や記号が正しく使われている。

⑧ 段落がしっかりしている。

⑨ 常用漢字に準拠している。

　私文書はどのような文章でもかまわないが、公にするもの（授業で配布する、会議の資料として配付する、対外的に発表するなど）は、簡潔かつ

明瞭で分かりやすい文章でなければならない。触れる人の模範となるものを目指したい。

　下書きの段階から簡潔かつ明瞭で分かりやすい文章を書ける教員は、相当文章力のある教員である。しかし、多くの教員は下書きを見直して修正する作業を繰り返さなければ、よい文章には仕上がらない。どのように見直すかが鍵を握る。

　文章は、これ以上直しようがないと判断できるまで推敲を重ねなければならない。誤字脱字がないかをチェックして終わるレベルではなく、文章を書いた時間の数倍もの時間をかけて修正を繰り返さなければ、決して美しい文章にはならない。

　文章を徹底的に吟味・推敲して、これ以上直しようがない文章に仕上げる努力が問われる。美文を分析して採り入れることや、身近に一字一句厳しくチェックしてくれる人がいるかどうかが重要になる。

ア　読点の使い方を知る

　句読点の使い方は、小学校で学ぶ。しかし、極端に読点が多い人、逆に読点が極端に少ない人、読点を打つ場所に疑問がある人も散見される。句点は文の終わりに打つので問題ないが、読点は原則を理解したうえで使わなければならない。読点は原則として、主語の後、接続詞の後、接続助詞の後などに打つ。読点（、）でなく、カンマ（, ）を使う場合もある。ただし、主語が複数の重文はそれぞれの主語の後に打つと読点が多くなるので打たない。

イ　記号の使い方を知る

　『　』が書名を表すことを知らない教員がいることに、驚いたことがある。音楽・美術・体育などの実技系教員で、あまり論文などを書いた経験がないとありえる。

　「括弧（　）」は前の言葉の補足、「・（中黒）」は並列に使うことを理解していない人もいる。例えば、「東北女子大学」だと所在地が分からないので、「（青森県弘前市）」のように所在地を補足して、「東北女子大学（青森県弘前市）」にする。

また、見出しを、〈　〉や〔　〕でくくったり、◎、☆、◇、●などの不必要な飾りを付けているものもある。文字と同様に、記号の類いも不要なものは使わない。

ウ　罫線の使い方を知る

　表の全ての罫線が、細いもの（表罫）も散見される。外枠を少し太く（裏罫）しないと表が安定しない。また、外枠が太すぎて外枠が極端に目立つものも散見される。表の中の情報が重要なのに、外枠が目立つのはよくない。

　JIS 規格では、外枠を裏罫（太い線）、中枠を表罫（細い線）、一つの枠（項目）をさらに分ける場合は破線罫を使うことになっている。この JIS 規格を知らないので、自己流の見にくい表になっている。きちんとした出版社の図書に掲載されている表は、とても見やすい。JIS 規格に合致しているからである。見やすいので、罫線の太さまでは注意が向かない。

エ　ピリオドの使い方を知る

　項目番号の後に、ピリオドを打っているものが多い。ピリオドは、文末もしくは以下を省略する場合に使う記号である。1 の後にピリオドを打つと、1 で終わりでもないし、1 の後の「番」や「号」や「位」などを省略しているのでもない。機械的に番号を付しているだけである。よって、「1」「（1）」「①」の後に、「1.」「（1）.」「①.」といちいちピリオドを打つ必要はない。

　年月日の省略にピリオドを使うのはいが、「年」と「月」の省略にピリオドを打っても、「日」を省略したことを表すピリオドを忘れているのも多い。これは、ピリオドの意味を理解していないことに起因する。「2024.8.1」ではなく、「2024.8.1.」にしなければならない。

②　常用漢字に準拠している

　漢字は当て字が多いので、注意しなければならない。学会誌や出版社の執筆要領に、常用漢字の使用を明記しているところが多い。公文書も常用漢字を用いるとされている。常用漢字は昭和 56 年に制定され、29 年後の平成 22 年に改訂されている。法令、公文書、新聞、雑誌、放送など、社

会生活における漢字使用の目安とされる。

　常用漢字は「常用」なので、「① 漢字本来の意味でない場合は、仮名にする」「② 難しい漢字は読めない人がいると困るので、平仮名にする」の二大原則がある。①は「漢字の意味に合致した使い方」なので当然である。②は常用漢字に載っている漢字を基本としながらも、必ずしも厳密に考える必要はない。漢字の使用を制限する弊害もある。難しい漢字や読みにくい漢字はルビを付ればよい。また、マスコミ（日本新聞協会など）は独自に定めているので、常用漢字と一致しない用例も散見される。

　大学の規程類が、「および」になっているのに驚いたことがある。「及び」は仮名書きの「および」もあるが、法令や公用文では漢字の「及び」を用いなければならない。「および」になっている理由を確認したら、それまで「及び」になっていたのを上層部の指示で「および」に変えたようである。大学の事務を司るのに、法令や公用文では「及び」にしなければならないのを知らなかったのである。さらに、規程の変更は教授会や評議員会などに諮られるのに、出席者の誰一人として指摘しなかったのである。筆者は気づいたので指摘した。その後、規程の改正に合わせて、本来の「及び」に戻すことが続いた。

　漢字がよいのかそれとも仮名がよいのか自信がないときは、そのつど常用漢字に準拠した『例解辞典』で確認するしかない。ただし、理由は書かれていないので、当て字などの誤用の場合は漢和辞典で漢字の意味を確認すると納得できる。

　漢字と仮名の使い分けは、職業や身分に関係なく、大多数が誤った使い方をしている。小学校で漢字を覚える際、漢字の意味から、漢字でよい場合と仮名がよい場合を教えなければならないのに、漢字の筆順や書き方を覚えることが主になっている。漢字と仮名の使い分けをきちんと学ばないまま、大人になる。大人になっても、学ぶ機会がないので、間違った使い方になる。誤った使い方をしても通じるので、間違った使い方をしていることに気づかない。ただし、常用漢字は絶対視すべきではない。言葉は生きているので、時間とともに変化する。常用漢字も改訂によって変化して

いる。しかし、常用漢字の使い方を知らないのは困る。常用漢字の使い方を理解したうえで、柔軟に使うべきである。

　柔軟に使うとしても、漢字の意味と異なる使い方はよくない。正しい意味なら、必ずしも常用漢字にとらわれなくてもよい。常用漢字に従えば平仮名でも、漢字にルビをふって使ってもよい。例えば、「癌」は常用漢字ではないので「がん」になるが、「癌」でもよいと思っている。また、「障碍者」の「碍」は常用漢字でないので、常用漢字に従うと「障害者」になる。行政では「障害福祉課」「障害者雇用対策」など、「障害」が使われている。しかし、「害」を人に使うのはよくないとの考えから、「害」を平仮名にした「障がい者」の表記が散見される。「障がい者」でも、「障碍者」でもよいと思っている。パソコンで漢字変換すると、平仮名が望ましくても強制的に漢字変換するので、注意が必要である。常用漢字に添ったアプリの発売が待たれる。

　よく使われる言葉で、常用漢字に即していない例をいくつか紹介する。括弧内が正しい。

　頑張る（がんばる）、精一杯（精いっぱい）、子ども同士（子どもどうし）、面白い（おもしろい）、下記の通り（下記のとおり）、片付け（片づけ）、見て頂く（見ていただく）、一緒に考える（いっしょに考える）、次第に明るくなる（しだいに明るくなる）、考えた上で（考えたうえで）、様々（さまざま）、この度（このたび）、真似（まね）、色々（いろいろ）、面倒（めんどう）、家毎に（家ごとに）など。

　なお、教員は文章や公文書を必ず作成するので、次の 2 冊は必携である。筆者はいちいち持ち歩くのが嫌だったので、職場と自宅の両方に常備した。しかも、自宅は書斎と居間の 2 か所だったので、計 3 冊購入した。

・白石大二編、『例解辞典［改定新版］』、ぎょうせい、1,676 円。

・磯崎陽輔、『分かりやすい公用文の書き方［第 2 次改訂版］』、ぎょうせい、2,530 円。

　ア　そもそも漢字の意味を理解していない

大学の DP（ディプロマ・ポリシー、卒業認定・学位授与の方針）を見

て驚いたことがある。「知識や技能の修得」が「知識や技能の習得」になっていた。「習得」は「習って覚える」意味で、運転技術や機械の操作方法などの場合に使われる。稽古事もしかりである。それに対して、「修得」は「学んで身に付ける」意味で、学問（知識や技能）などに使われる。学校、まして大学は学生が自ら学んで知見を身に付ける「修得」の場所である。

変換ミスで済まされる話ではない。冊子として学生に配布される『履修要項』や『入学案内』や「ホームページ」にも、誤ったまま記載されていた。諸会議を経ているので、原案作成者のせいにすることはできない。「修得」としなければならないのに「習得」で通る最大の原因は、漢字の意味を正く理解していないからである。次に考えられるのは、無関心である。

単位も「修得」にしなければならないのに、「取得」と誤用している大学がある。「取得」は、免許（状）や資格などを得る場合に使われる。修得と習得と取得の区別ができていない大学があるのは驚きである。

「受賞」と「授賞」の区別ができないことにも驚かされたことがある。「受賞」の「受」は「受ける」なので、賞をもらう人の立場が使う。それに対して、「授賞」の「授」は「授ける」なので、賞をあげる立場の人が使う。この区別ができていない。用語の使い方がおかしいと指摘しても、具体的に説明するまで気づかない。

文字は気持ちや考えなどの全てを伝えることはできないが、重要なツールである。事実、図書や論文などは文字中心に書かれ、授業や発表も言葉中心に行われる。教員にとって、文字は生命線である。漢字の正しい使い方ができて当然なのに、現状は課題が多い。

いずれにしても、教員にとって、文字はとても重要な表現手段である。漢字の意味を理解して、正しく使えるようにならなければならない。

③　**書体（フォント）が統一されている**

見出しは「ゴシック体系」、本文は「明朝体系」を使うことが多い。しかし、ワードを初期設定のまま使用すると、本文の日本語が「明朝体」で

も、英数字が自動的に「センチュリー体」になる。そのため、一つのセンテンスに「明朝体（仮名・漢字）」と「センチュリー体（英数字）」の二つの書体が混じる。その結果、「明朝体」の仮名や漢字に比べて、「センチュリー体」の英数字が目立つことになる。英数字を本文の日本語と同じ書体にするには、英数字も本文と同じ書体になるように初期設定を変更してから使用しなければならない。残念ながら、このことを理解している人は少ない。

④　見やすい頁構成になっている

　文章が第一だが、見やすさに関わるレイアウトも同じくらい重要である。いくら文章や内容がよくても、見にくい資料は決してよい資料とは言えない。

　B5 判はモデルも多く、A4 判よりも小さいので構成がそれほど難しくない。現在スタンダードになっている A4 判は大きいので、相当考えないと締まりのない頁構成になる。印刷所に文字原稿、図、表、写真を別々に渡して、レイアウトを任せるのではなく、発注側（教員）でレイアウトしたほうが意図どおりに仕上げられることもある。その際、見て美しい「文字の大きさ」「行間」「図、表、写真の大きさと配置」を考えなければならない。また、レイアウトした完全原稿を渡すと、印刷代も安い。納期も早い。

　撮影した写真をそのまま使った結果、余分なものが写っていたり、不鮮明だったりする写真も少なくない。とくに、カラー写真をモノクロで印刷する場合は修正しないと不鮮明になることが多い。写真を修正する技術は身に付けたい。

　ア　綴じ代を考える

　パソコンで作成する資料であれ、コピーした資料であれ、多くの情報を詰め込みたい教員は余白を残さなければならないことにまで意識が向かない。余白が少なすぎるために、ファイルに綴じるとプリントされた箇所に穴があいたり、押さえの金具で一部が隠れたりする。せっかく苦労して作成しても、余白が不足なので綴じるのに適さない資料になる。綴じ代は最

低でも 25mm は確保しなければならない。余白が多いと、メモをするにも便利である。余白が多くて困ることはない。ちなみに、ワードの A4 縦の初期設定は、余白が上 35mm、下と左右がそれぞれ 30mm になっている。

イ　行間を考える

行間が窮屈で、大変読みにくい資料が散見される。無理に頁内に収めたたために行間が窮屈になったり、行を追ってスムーズに読むことができなくなったりする。パソコンで行間を自由に設定できるが、行間を詰めるのも、限度がある。読みやすい文字の大きさ、文字間隔、行間隔を考えて、資料を作成しなければならない。資料は、文字列だけでなく、空白の列も一体であることを忘れてはならない。

ウ　文字の大きさを考える

文字を必要以上に小さくしている資料がある。手書きや活版印刷の頃は、小さな文字にするには限界があった。しかし、現代は縮小コピーもあるし、パソコンで限りなく小さな文字にすることは可能であるが、見やすい大きさの文字にしなければならない。

本文が極端に小さな文字になっているものは少ないが、図表などでは判読しづらい小さな文字が散見される。もともと小さなスペースに、図表を無理にはめ込むからである。しかも、本文との余白も窮屈になる。小さすぎる図表が、余白の少なさとも相まって、ますます見にくくなる。図表は、本文よりも重要である。文字の大きさになどに配慮した、見やすい図表、見やすい資料にしなければならない。

エ　A3 両面印刷は A4 に折ることを考える

A3 を両面印刷する場合は、A4 に折ることを想定して頁番号を入れなければならない。A3 の表に 1 頁と 2 頁、裏に 3 頁と 4 頁と入れると、A4 に折った場合は頁が 4 - 1 - 2 - 3 になる。頁順になるためには、4 - 1 - 2 - 3 の順にしなければならない。しかし、A4 に折ることを想定して頁番号を入れると、A3 を A4 に折らなければ頁順にはならない。手で折ってもよい。紙折機があれば短時間でできる。A3 に両面印刷した場合は、A4 に折ってから配布すべきである。A3 のまま配布するのは、教員が A4 に折

る手間を省きたいからである。教員が折ってから配布するのがめんどうなら、A3 のまま配布して、授業の冒頭で A4 に折らせればよい。

オ　揃える

　見出しや名前などの文字の幅は、揃えると見やすくなる。製本されている名簿を見ると、名前の表記は両端がきれいに揃っている。ただし、均等割はしていない。5 文字もしくは 7 文字のルールがある。いわゆる、5 文字原則、7 文字原則である。見やすいものは無意識に見るが、見やすいものにはルールがある。

　名前以外も、揃えられるところをできるだけ揃えると、同じ資料でも見違えるほど見やすくなる。資料ができたら、誤字や脱字はもちろん、見やすさにも配慮しなければならない。見にくい資料は見にくさを感じるが、見やすい資料は自然と目に入るので、見やすい根拠までは探さないし、気づかない。見やすい資料に触れたら、その根拠を探して参考にしなければならない。

カ　記号類を多用しない

　強調するために不要な記号をたくさん使ったり、アンダーラインや囲み文字や色などを多用している資料をよく見かける。これらの多用によって資料がにぎやかになり、かえって見にくくなる。逆効果である。基本は、なくてもよいものは使わない。不要なものがなければスッキリして、見やすくなる。

　記号、アンダーライン、囲み文字、色など加えて複雑にするよりも、書体を変えるだけでも見やすくなる。記号類などを多用する教員は、記号類などの正しい使い方を知らないからである。知らないから、自己流で使う。色、記号類、フォントなどの多用によって互いがじゃまし、重要な情報が焦点化しない資料、書類、ポスター、チラシになる。

　一方、一流のデザイナーや編集者が関わったものは、余分なものは一切なく、すっきりしている。素人が作成したものほど、にぎやかになるのは否定できない。ところが、現代は誰でもパソコンで簡単に作成することができるので、恐れを抱かず、ルールや原則も知らないまま自己流で安易に

作成する。プロが一目置くアマを目指したい。

13　長期的かつ国際的な視点を持つ

　忙しさにかまけていると、あっという間に1年が過ぎる。計画に長期・中期・短期があるのは、すぐにできることもあるが、すぐにはできないものもあるという意味である。同時に、少しずつ準備していけば、やがては成るという意味である。そこで、何かを成し遂げるためには、漫然と日々を過ごすのではなく、長期の視点を持たなければならない。さらに、国内のみの視点も克服しなければならない。

　当時、海外のレフリー付き英文論文を約60執筆していた知人の国立大学の医学部教員と会うたびに、「10年先を考えて研究しなけれなならない」「国際的な視点を持たなければならない」と言われた。その医学部教員に、卒業生のことを何度か相談した。アポをとるときに時刻の都合を伺うと、何時でもよいという。夜遅く訪ねても研究室のある建物は明るく、まるで不夜城だった。何時でもよいわけである。朝早く出勤し、入院患者や外来患者を診察し、医学部の授業を担当し、症例会議や教授会などの会議にも出席し、インターンの指導などをしたり、極めて多忙である。夕食のためにいったん帰宅してから戻って、それから遅くまで自分の研究をするという。帰宅できないときは、研究室に持ち込んだ折りたたみの簡易ベットで仮眠するという。一方、教育学部を夕方訪ねると、電灯がついている研究室はまばらだった。日中訪ねても、不在が多かった。教育学部の教員は医学部の教員と違って、週数コマの授業を担当して会議にさえ出れば仕事が務まるので、フルタイムで出勤しなくてもよい。同じ大学教員なのに、フルタイム以上に働いている教員もいれば、断片的に出勤しても務まる教員がいる。研究は自主的に行われるものだが、医学部教員と教育学部教員の働き方の違いを見ると、研究業績に大きな差が出るのは当然だと思った。

　この医学部教員の働き方は改革が必要だと思うが、教育学部教員も逆の意味で働き方改革が必要である。研究室が与えられているのだから、研究

するためにも、相談するために研究室を訪れる学生や学校の教員などのためにも、もっと在室すべきである。

（1）　長期的な視点を持つ

何事も、その場でできることもあれば、時間がかかることもある。無論、時間をかけてもできないことはある。現象的には同じに見えても、長期的な視点の有無によって、一日の過ごし方が違ってくる。

例えば、授業記録である。児童・生徒がどのように変化するかは、長いスパンで見なければならない。そのためには、日々の記録をしっかりつけるとともに、長期間継続しなければならない。そのうえで、記録を有効に活用しなければならない。

記録は長期的な視点がないと、継続しなかったり、記録することそのものが目的になるので大雑把になりやすい。活用されないことも多い。

筆者は穴窯を造って、土粘土作品を焼成したことがある。児童・生徒の作品に適した焼成方法を考えることが、筆者の課題だった。まず、焼成方法を文献で調べたり、現場を見に行ったりした。その後、穴窯を造ることを目標にした。図面を検討し、耐火レンガを購入し、積み上げた。そして、燃料にする木材を準備して焼成した。焼成方法を考えてから、実際に穴窯を造って焼成するまでに数年かかった。数年かかっても実現したのは、長期的な視点を持っていたからだと思っている。児童・生徒の作品に適した焼成をしたいと考えても、長期的な視点がなければ、思うだけで月日は流れたと思っている。

金がない、時間がない、技術がないなど、教員はできない理由を並べがちである。言い訳である。どうもがいてもできないことはあるが、一つ一つ解決していけば実現することが多いのも事実である。

（2）　国際的な視点を持つ

日本の教育は唯一無二のものでも、絶対的なものでもない。まして、勤務校や地域の教育がそうだとは思わない。世界では、多様な教育が行われ

ている。ならば、世界の教育にも目を向けて、世界の教育からも学ばなかればならない。さらに、研究を海外に発信して評価を受けることも必要である。

　筆者の研究は、把握している範囲では中国やドイツなどで紹介された程度だし、引用者もアメリカの大学教員くらいである。日本の学会は、日本特殊教育学会、日本自閉症スペクトラム学会、大学美術教育学会である。海外は、Klages-Gesellscaft（クラーゲス学会、ドイツに事務局がある）のみである。学校教員退職後に7年間大学教員を勤めたが、大学教員時代に入会した学会はない。これらの学会は、学校の教員をしているときに入会した。日本の学会は、大学教員の定年退職に伴い、全て退会した。現在継続しているのは、ドイツに事務局があるクラーゲス学会のみである。

　学校の教員の学会加入率は極めて低い。大学の教員も決して多くない。まして、海外の学会に入会している人は稀である。学校の教員こそ、国内外の学会に入会すべきである。入会することによって、その学会の最新の研究を知ることができる。研究者を知るよい機会にもなる。学会には自分から入会することもあるが、勧められて入会することも多い。人脈である。

　筆者がクラーゲス学会に入会したのは、筆者の研究が日本のクラーゲス研究のリーダーの目に留まり、入会を強く誘われたからである。日本特殊教育学会と大学美術教育学会は、同僚を誘って入会した。日本自閉症スペクトラム学会は設立に少し関わった。

　クラーゲス学会に入会してからは、学会誌（Hestia）が送られてきた。近年はメールが届く。何よりも、日本のクラーゲス研究のリーダーの皆さんとの交流によって、教育を考えるうえで重要なクラーゲス思想の理解を深めることができた。筆者には数冊の著書があるが、ドイツ語訳を勧められている。だが、筆者のドイツ語の未熟さもあって、まったく進んでいない。筆者の大きな課題である。

14　部活動を考える

　中学校の教員になったら、卓球部の顧問に誘われた。部活動の顧問の成り手が少ないので、新採用の教員を手ぐすね引いて待っていたのである。趣味程度だが卓球の経験があったので、引き受けた。部活動は学校の教育活動の一環ではあるが、教育課程外なので、顧問を引き受けるか引き受けないかは自由である。

　部活動を地域に移行する議論が進んでいるが、顧問は引き受けたければ引き受ければよい。引き受けたくなければ断ればよい。無理に引き受けて、後で文句を言っても始まらない。引き受けても、続けられない事情が生じたら、辞めればよい。

　顧問と言っても、さまざまであることを知る。簡単に言えば、勝利至上主義で生徒を徹底的に鍛えるタイプと、生徒の自主性に任せるタイプである。文化系は、生徒の自主性に任せるタイプが多かった。体育系は、生徒を鍛えるタイプと生徒の自主性に任せる 2 つのタイプがあった。

　筆者が勤務していた中学校は、放課後会議が多かった。会議優先なので、部活動の指導はできない。そこで、ケガしないように配慮することと練習メニューを確認して、生徒だけで練習させた。会議が終わってからもまだ練習している場合は、見に行って少し相手をした。相手をすると言っても 3 年生くらいになると歯が立たない。卓球のタイプには、攻撃型と守備型がある。卓球部の生徒は、守備型のカットマンを苦手とする人が多かった。そこで、筆者は攻撃型と守備型の両方できたので、カットマン役になって、カットマン対策を教えた。

　対外試合は、休日に行われていた。試合がある休日は、生徒を引率した。前任の顧問から卓球部はあまり強くないと聞いていたので、発奮させるために「区大会で優勝したら全員にラーメンをおごるぞ！」と宣言して出かけた。そうしたら、なんと優勝してしまった。前言を翻せないので、学校に戻ってから 10 人分くらいのラーメンの出前を頼んだ。教室は離れ

ているが校長室は机も広くて椅子も多かったので、誰もいない校長室で食べさせた。このときのことは今でも忘れない。いい思い出である。

　試合のない休日も活動をしている部と、休日は活動していない部があった。勝利を目的としている体育系の中には、日曜日はもちろん、盆も休まずに練習している部があった。いつ休むのかを生徒に尋ねたら、正月の2日間だけだと言う。ほぼ休みがなく、1年中練習していたのである。当時は、部活動に関する学校としての要綱がなかったので、いつ、どのように練習するかは、顧問に任されていた。部活動が教育活動の一環なら、要綱は必要だったと思う。

　教員の多忙を解消するために部活動の地域移行が議論されているが、部活動が突きつけている本質が教員の多忙だとは思わない。部活動に教育的意義を認めるなら、地域の資源を活用しながら、教育課程にしっかり位置付けるべきである。知識の習得をメインとする従来からの教育課程が、このままでよいとは思わない。教科・領域を見直して精選し、部活動の時間を大幅に確保するのである。地域移行は、勝利至上主義の助長、保護者の負担増、地域格差の拡大、活動時間の増加、学校との連携不安などが指摘されている。地域移行によって教員の負担が軽減しても、部活動の課題は増える懸念がある。問われているのは教員の負担ではなく、部活動の在り方であり、教育の在り方である。

15　上司、同僚、保護者、業者とうまく付き合う

　学校に限らず、どこの職場でも人との付き合いに悩む。教員は、上司、同僚、保護者、業者（教材納入、旅行など）、進路先（高校など）などと関わる。上司、同僚、保護者、業者などとの付き合いに悩んだら放っておかずに、自分が信頼している同僚などに相談したほうがよい。

（1）　上司や同僚との付き合い方

　全校、学年、学級、教科、校務分掌などの仕事に関する付き合いではあまり困ることがない。的確なアドバイスを得られる教員が校内にいれば、その教員に求めればよい。もしもいなければ、校外にアドバイスを求めればよい。

　悩むのは、仕事外の付き合いである。例えば、飲酒である。学校は飲酒する機会が多いことを、教員になってから知った。全校では歓迎会、花見、運動会反省会、1学期納め会、学芸会反省会、忘年会、新年会、送別会、研修旅行などがあった。忘年会は泊まりがけのときもあった。学部単位では歓送迎会や教育実習反省会などがあった。反省会とは飲み会である。飲食店の玄関の黒い板に、学校名が書かれていると恥ずかしかった。勤務時間外の飲み会なので、学校は関係ないのにと。

　教員になると、勤務時間外の飲み会を業務と勘違いし、必ず出席しなければならないと誤解する。とはいえ、同じ職場人として、一応は出席した。ただし、花見は15回くらい開催されたがほとんど出たことがない。教育実習反省会も相当な回数開催されたが、出席しなかった。教育実習は、勤務時間内に校内で指導すればよいと考えていた。教育実習生は、指導教官から誘われると断れないので出席する。職員会議であまり発言しない同僚が、現場をよく知らない教育実習生に対して、教室で雄弁に語っている姿を見るのは嫌だった。教育実習反省会での再現は、想像もしたくなかった。

　また、一次会の後には、二次会、三次会が普通だった。午前様になりがちである。二次会、三次会に参加したことはあるが、いない人の悪口になることもあるので基本的には一次会で退散した。

　大学のゼミ生には、酒は飲みたければ飲めばよい、飲みたくなければ飲まなければよい、無理して飲むと飲む人と思われて飲酒に誘われることになる、などを話した。二次会、三次会も、行きたければ行けばよいし、行きたくなければ行かなければよいだけであると伝えた。さらに、ゴチには絶対になるな（絶対に代金を払ってもらうな）と、念を押した。学生は

働いていないので、ゼミ担当者から出世払いでゴチになってもよい。しかし、就職すると給料の月額に差はあっても、教員はみんな給料をもらっているので、採用1年目であっても自分の分は自分で払わなければならない。ゴチになると借りができる。借りができると人間関係が歪む原因になりかねない。「いいから、いいから」の迫力に負けてはならない。負けるようでは、教員に向いていない。また、飲み会では、コップに入っている酒を無理に空にさせて注ごうとする同僚もいたし、酔っ払って「俺の酒は飲めないのか」と迫る同僚もいた。その経験から、飲み会で酒を飲むか飲まないか、飲んでもどれだけ飲むかは自由である。無理して飲んだり、無理して飲ませてはいけない。飲酒に限らず、上司や同僚に借りを作らないほうがよい。結婚式の仲人も、上司でないほうが望ましい。できれば、教育関係者でない方が望ましい。

　4つの地方の職場、1つの都会の職場に勤めたが、地方の3つ職場の一次会は長かった。2～3時間はふつうだった。飲食店も、本音では早く帰ってもらいたかったと思う。「そろそろ」と耳打ちされることもあるようだが、客なので我慢することが多いと思われる。地方の職場が3つなのは、1つの職場は飲み会がなかったからである。それに比べ、1つの都会の職場は1時間程度でお開きになることが多かった。この職場では、歌舞伎の指定席券が配布され、忘年会が歌舞伎鑑賞になったときもある。忘年会は飲食ではなく、これもありだと思った。飲酒が好きな人は宴会が長いほうがよいのかもしれないが、義務感で出ている人は早く終わってほしいのが本音である。一次会は早めに終わるべきである。あまりにも長い場合は、途中で退散してかまわない。

　飲食の回数や時間は、伝統に従って漫然と続けている学校が多いと思われる。飲食がまったくない学校があることや、忘年会を歌舞伎鑑賞にした例もある。昔は職場優先の風潮が強かったと思うが、今は私的な時間と両立する時代である。気の合うどうしの飲食は自由でよいが、半ば参加が義務化している職場の飲食の回数や時間は見直さなければならない。

　ある大きな事業が終わったとき、事業の窓口だった会社の人と同僚2人

の計3人で飲食したことがある。筆者が一番年上だったので、全額支払おうとした。そうしたら、会社の人が「私も給料をもらっているので、私の分は私が払います」と申し出た。言っていることが正論だと思ったので、それでもとは言えなかった。自然に、割り勘した。その人の会社は一流企業だった。筆者は学校の世界しか知らなかったので、教えられた。

（2）　保護者や業者との付き合い方

　結論から言うと、保護者、業者などとは平等に付き合うことと、金品の授与や接待をいっさい受けないことである。業者は、旅行業者（遠足、修学旅行、社会見学など）、教材の納入業者などである。

　高校もある。中3担任のとき、手分けして複数の高校入試の説明会に出かけた。紙袋に資料などが入っていたが、土産まで入っていたのには驚いた。高校側としては、1人でも多くの生徒に受験してもらいたいので必死である。土産をくれる気持ちが分からないでもない。農林系高校では、高校で製造した加工食品が入っていた。同僚に相談したら、もらっておいてよいと言われた。また、高校によって土産がいろいろであること、いい土産をくれる高校の説明会を希望する人がいないわけではないと教えてくれた。

　保護者や業者の中には、中元や歳暮を送ってくる人がいる。その場合は送り返すか、同等品を返品すればよい。そうすると、品物を受けとらないことが認知されて届かなくなる。放っておくと、品物を受けとる人と認知されるので、引き続き送られてくる。

　保護者や業者と飲酒したり、ゴルフなどに行くのは費用を折半しても、もってのほかである。誘われたら、断ればよい。断らないと、誘いがエスカレートし、特別の関係になる。教員失格である。

　保護者の中でも、学級委員やPTA役員とは必然的に接点が多くなる。それはあくまでも仕事の一環であり、それ以上でも、それ以下でもない。

　また、保護者の中には、児童・生徒の勉強や友達関係などで相談する人もいる。相談されたら、そのときにできる最大限の支援をすればよいだけ

である。相談の有無や頻度、内容はさまざまなので濃淡があるのは当然である。日頃から、相談しやすい雰囲気を作って行かなければならない。

　保護者の職業が農業や漁業であることもある。家庭訪問時などに、余った野菜や果物、魚などをくれる人もいる。この場合は、せっかくのご厚意を無にするのも失礼だと思って受け取った。

16　積極的に汗をかく

（1）　教員は「汗をかくのをいとわない教員」と「できれば汗をかくのを避けたい教員」に分けられる

　長年の教員生活を振り返ると、教員は「汗をかくのをいとわない教員」と「できれば汗をかくのを避けたい教員」に二分できると思っている。

　教員の採用試験の倍率は低下傾向にあるが、それでも一定の倍率があるので希望すれば必ず合格できるわけではない。しかし、教員になると、法を犯したり、児童・生徒、保護者、同僚から大きく信頼を失うようなことがあれば教員を続けることは困難であるが、現状はそうでない限り誰にでも務まる職業に成り下がっているのは否定できない。

　仕事に関する考えは、とことん極めたい人、ふつうでよい人、最低限の仕事をすればよい人など、さまざまである。最低限の仕事をすればよい人は、できれば汗をかくのを避けたいので遅くまで残業しないし、極力自宅に仕事を持ち帰らないし、休日に学校に出てまで仕事をしない。それよりも、家族や趣味などを大事にする。一方、とことん極めたい人は汗をかくことをいとわないので、遅くまで残業したり、自宅に仕事を持ち帰ったり、休日に学校に出て仕事をしたりする。両極端である。生き方は人それぞれなので、どちらの生き方がよいとは言えない。

　ただ、仕事ができる人は、趣味も一流の人が多い。筆者の知人でも、市民オーケストラの団員になっている人もいるし、切手の蒐集（しゅうしゅう）家で知られている人もいる。解剖学者養老孟司の昆虫蒐集はよく知られている。優れた研究業績のある筆者の恩師である学芸員は、エーゲ海や太平洋をヨット

でクルージングしている。仕事ができる人は確かに忙しくしているが、時間の使い方もうまい。「よく働き、よく遊び」を、地で行っている。

　人生を100％仕事（教育）に捧げる生き方も否定しないが、せっかくの人生、仕事と仕事外を両立した人生を送りたい。

（2）　怠け癖を防ぐ

　ある校長に、「怠け癖を防ぐためにも論文を書かなければならない」と言われたことが忘れられない。論文を書くのは義務でないので、書かなくてもかまわない。書くには準備が必要だし、仕上げるためには相応の時間がかかる。論文を書く時間があったら、旅行などをしてもよい。論文を書くのが楽しいなら、書くなと言っても書くに違いない。論文を書くのは、決して楽ではない。苦痛と思うときがないわけでもない。学校の教員に著書や論文などの研究業績が少ないのは、義務でないことと、書くことが決して楽ではないことが考えられる。

　授業がある日は、論文執筆に時間を割くのは容易ではない。春休みは、年度末や年度始の業務のために忙しい。実践を基にした論文は、夏休みだと4月から7月までの4か月間の実践データしかないので難しい。当時の筆者の住居には、エアコンが付いていなかった。夏休み期間中は暑さのために頭の回転が鈍って集中できないので、とても書く気にならなかった。そこで、冬休み期間中の1月に書くことが多かった。1月だと、4月から12月までの8か月間の実践データがある。年末年始は、家族と過ごさなければならないので書けなかった。北国の学校は夏休みが短くて冬休みが長いので、1月3日頃から取り掛かっても2週間くらい確保できる。論文1つ書くことを目標にして取り組んだ。特別支援教育や美術教育の専門雑誌からの原稿依頼も増えたが、指定された期日までになんとか書き上げた。

　冬休みに書いて発表した論文類は、筆者の支えになっている。冬休みに書いた論文類がないことを考えると、ゾッとする。書き続けていると、書くことが習慣になった。「怠け癖を防ぐためにも論文を書かなければならない」と言われたことを実感することができた。

17　効率を追求する

　人間は誰にも等しく、1日24時間の時間が与えられている。それなの
に、仕事ができる人とそうでない人がいる。この違いは、さまざまな要因
が考えられる。少なくとも、時間の使い方にあるのは間違いない。仕事が
できる人は、効率が高い。

　出勤日を考えてみたい。1日の勤務時間が8時間、残業に1時間、通勤
に1時間半、睡眠に7時間（最低でも6時間は必要）、食事・入浴・新聞・
テレビに1時間半とすると合計19時間なので、残りは5時間になる。残
業が延びたり、家事などが増えると、残りの時間はもっと少なくなる。実
質の残り時間は、3〜4時間程度である。この3〜4時間で、書き物や調
べ物などをしなければならない。限られた時間内で、効率よく仕事するた
めの方法を考えてみたい。

（1）　作業に必要な時間を決める

　終わりの時刻を決めないで、終わるまで作業することが多いのではない
だろうか。これだと作業を終えることはできるかもしれないが、何時まで
に終わらなければならないという制約がない。制約がないと、余裕を持ち
がちである。中断したり、集中力が弱まる時間帯もありえる。結果的に、
時間がかかり、真夜中まで作業することになる。

　筆者の場合、夕食後は疲れがあって集中できないので、夕食後に早めに
就寝し、夜中に起きて作業した。翌日に提出しなければならない資料があ
る場合は、作成する資料に最低どれだけの時間が必要かを予測し、出勤の
ために家を出なければならない時刻から逆算して起床した。1時間かかる
と判断した場合は5時半から6時半、2時間かかると判断した場合は4時
半から6時半、3時間かかると判断した場合は3時半から6時半を作業に
充てた。自宅を出る前には必ず仕上げなければならないので、否応なく集
中しなければならない。いつも、ギリギリで仕上げることができた。自宅

を出る前に仕上げられなかったことは、一度もない。

（2）　会議の効率を考える

①　会議の終了時刻を決める

　筆者が勤務していた学校は午後3時半頃から会議が開始されていたが、終了時刻が示されることはなかった。勤務時刻が午後5時までだったので、午後5時には終わるという暗黙の了解があった。

　会議の内容はあらかじめ分かっているので、その会議でどれだけの時間が必要かは予測できる。無論、終了時刻を設定しても、若干前後することはある。何時頃に終わるのかがはっきりしない会議に臨むよりも、終了時刻の目安は示したほうがよい。そのほうが、その後の予定も立てられるし、会議も効率よく進行する。

②　会議の資料は事前に配布する

　会議の資料は当日ではなく、事前配布が望ましい。事前配布だと質問や意見を考えて会議に臨むことができる。活発な議論も期待できる。会議の効率的な運営にもつながる。

③　発言は簡潔にする

　終了時刻が会議の参加者に共有されることによって、おのずと発言は簡潔になる。会議の時間が限られているので、ダラダラと発言できないことが会議の参加者に共有される。

　医学部の症例検討会を傍聴する機会があった。医学部は附属病院に入院患者もいるし外来もある。さらに、医学部の授業などもあるので多忙である。そのため、症例検討会の開始時刻と終了時刻は決められていた。症例検討会を傍聴して驚いたのは、議論が活発に展開されていたことと、発言が簡潔で、不要な語彙はいっさいなかったことである。医学系の学会に参加したときも、簡潔明瞭なプレゼンに驚かされた。医学系の教員はトレーニングされている。学校の会議は医学系を見習わなければならい。

④　無理に指名しない

　会議で発言する人がいないと、指名して発言を求める司会者がいる。

質問や意見が出ない会議は、重い雰囲気になる。議論にならない。そもそも、質問や意見は自主的・自発的に言うべきもので、指名されて言わされるものではない。原案や話し合いのテーマに異論がない場合は、質問や意見が出ないこともありえる。この場合は、質問や意見が出なくてかまわない。

　会議にかける案件なら、司会者が論点を整理して、活発な議論が展開されるようにしなければならない。事務的に進行するなら、司会は誰でもできる。しかし、大切なことは活発な議論を通して、問題点を把握し、改善策を考えることである。

　また、議論したのはよいが、多くの問題点が明らかになって収拾がつかなくなり、会議の途中で原案が差し戻されたこともあった。原案が差し戻されるということは、近日中に再度会議を開催しなければならなくなるということである。それでも、収拾がつかない議論を続けるよりも、しっかりした原案に作り直してもらって議論をやり直したほうが効率的かつ建設的である。原案の差し戻しによって、教員に「しっかりした原案を作成しなけらばならない」という意識が形成された。

　どこの職場でも、会議で積極的に発言する人もいれば、ほとんど発言しない人もいる。発言しないからと言って、質問や意見がないわけではない。よって、参加者全員の考えが表明される進行を考えなければならない。

　参加者全員の考えが表明されるためには、議題によってはグループ討議も有効である。4〜5人のグループごとに座り、司会者が進行に応じて、グループの班長に質問や意見の取りまとめを1〜3分間程度で要請する。筆者が初めてグループ討議に参加したときは、そんなに短い時間でできるのか疑問に思ったが、十分であった。時間の短さを共有できているから、指名されなくでも自発的に発言する。簡潔に述べなければならないことが、共通理解される。1〜3分で多くの発言が可能なことに驚いた。ただし、グループ討議はそのよさが生かされなければ意味がない。グループ討議のよさが生かされる会議を体験している教員が1人もいなければ、いき

なりグループ討議を導入してもそのよさを実感することは難しい。慣れるしかない。また、グループ討議が成功している学校外の研究会などに参加するのもよい。

　そもそも、教員は会議の進め方がうまいとは言えない。活発な議論が展開される会議のやり方を大学在籍中に学ばないし、学校でも深く考えないで会議を進行しているのは否定できない。民間会社や研究団体などから、会議の進め方を学ばなければならない。

　議論は会議参加者の知見の範囲で行われるので、会議での議論や結論を正しいと思ってはならない。会議の参加者が代われば、まったく異なる議論や結論になることがありえることを認識しなければならない。

（3）効率よく文献を読む
①　本を読まなければならない状況をつくる

　教員は誰しも、読まなければならないと思っている本が何冊もあると思われる。趣味、漫画、雑誌などは簡単に読むことができる。しかし、専門書などは読まなければならない状況がなければ、なかなか読むまでには至らない。

　公開研究発表会に関わる『研究紀要』などの発表が義務付けられている研究は、先行研究などを調べて読まなければならない。また、学会や大学紀要などへの投稿、各種大会や研究会での発表、専門書や専門雑誌からの原稿執筆なども、先行研究などを調べなければならない。このような機会を捉えて、読まなければならない本を調べて読破して、授業や研究に生かさなければならない。論文や実践報告は公になるのもだが、公にならない私的なものでもかまわない。自分に課題を課して、数頁にまとめ、身近な人に読んでもらうことも意味がある。

　筆者は 1 人では挫折すると考え、知人 2 人を誘って詳読会を毎月開催したことがある。毎月 20 頁くらいを事前に読んで、その解釈を話し合った。

　近年、ビブリオバトルが注目されている。ビブリオバトルでは、推薦したい本を持ち寄って紹介した後に、参加者で議論する。校内研修会など

でも実施したい。

　論文や実践報告などをまとめることによって、怠け癖を防ぐことができる。そして、何よりも論文や実践報告などをまとめることによって、自分の考えや実践を整理したり、見直すことができる。同時に、論文や実践報告など触れた人からさまざまな感想が寄せられることによって、自分では気づかないことに気づかされることもある。

　②　できるだけ短時間で本を読む

　1冊の本を読むのに、何箇月もはかけられない。読み方を工夫して、できるだけ短い時間に読み終えるようにしなければならない。

　筆者の場合は、ある時期に一筋縄ではいかない難解な本を読んだら、一般的な本はスラスラと読めるようになった。その後は、1冊をおおよそ1日で読めるようになった。筆者は、重要でないと思われるところは流し読みしている。少し気になるところは、普通の速度で読む。重要と思われるところはきちんと読む。重要と思われるところの中でチェックした文章は、マーカーでなぞる。さらに、なぞった箇所でも最重要と思われる文章のある頁にはポストイットを貼る。必要に応じて、内容が分かる見出しをポストイットに書く。そして、本を読み終わったら、マーキングした箇所だけを読む。

（4）　短時間で分かりやすい文章を書く

　文章は、簡潔で分かりやすくなければならない。論文、実践報告、資料などは、文章が重要な役割を果たす。資料を作成するとき、作文に時間がかかりすぎてはいけない。書いた文章が分かりにくくてもいけない。自己流の文章を書いていると、文章力は向上しない。

　そもそも、学校の教員は大学在籍中も、就職後も、文章作成のトレーニングが十分とは言えない。校内で配布される資料は、教員どうしの遠慮が働きがちなので、文章に対する意見は控えがちになる。結果的に、文章が修正されない。自己流の文章で通用する。

　一方、図書類は出版社（編集者、校閲者、外部校閲者）のチェックが入

るので、一字一句チェックされる。図書類の原稿執筆を重ねると、おのず
と文章力が鍛えられる。また、美文で知られる作家の文書を分析して、ま
ねることも必要である。

（5）　資料の作成に時間をかけない

　筆者が教員になった頃の印刷は、謄写版印刷だった。ガリ版印刷であ
る。謄写版印刷は、表面が微粒面になっている鉄板に蝋引き原紙を載せ
て、上から針のような鉄筆で文字を書く。力がいるので、手が疲れる。書
き終えたら、原紙をメッシュのシート枠に貼り付けて、インクのついた
ローラーを転がして刷る。1枚刷るたびに枠を持ち上げ、印刷された紙を
取り出さなければならない。その後、ボールペン原紙になる。鉄板や鉄筆
が不要で、ボールペンで専用原紙に直接書く。刷り方は、蝋引き原紙と同
じである。蝋引き原紙もボールペン原紙も、小さな文字は書けない。修正
は、修正液を塗布して書き直さなければならない。1枚ずつ刷るので時間
がかかる。

　蝋引き原紙もボールペン原紙も、手書きである。書くのも大変だが、
字が上手くない筆者は教員になって2年目くらいに和文タイプライターを
買った。給料3か月分くらいする、高価な買物だった。シルクスクリーン
印刷もマスターした。そして、600人近い生徒全員に書いてもらった「私
にとって美術は何か？」を和文タイプライターで原稿を作って印刷した。
表紙は、シルクスクリーン印刷した。600部くらい印刷して製本し、生徒
全員に配布した。

　その後、謄写ファックス製版機が登場する。片方に原稿、もう片方に専
用原紙を巻いてセットし、写真を送るような機械で原紙に焼き付ける。原
紙に直接書かなくてもよいので、ずいぶん楽になった。同時に、この原紙
は輪転機にセットできるので、印刷は必要な枚数をセットしてからスター
トボタンを押すだけでよかった。

　今はパソコンのデータから直接印刷することができるし、コピー機のよ
うな機械に原稿をセットして必要枚数を入力すると自動的に版が作成され

て印刷できる。カラー印刷もできるし、大きな紙にも印刷できる。小さな文字も鮮明に印刷できる。原稿はデータやプリントで用意しなければならないが、版を作る必要がない。原稿の修正も、パソコンで簡単にできる。

　筆者は約35年くらい前の40歳頃に、初めてパソコン一式を買った。パソコンが普及する前、勤務していた附属学校に校長（教育学部教授）が8インチフロッピーディスクのパソコンを一台導入したのをきっかけに、何人もの教員が自費でパソコン一式を買った。私が買った5インチフロッピーディスクのパソコン、モノクロモニター、モノクロプリンターは、全部で約100万円もした。その後、パソコンやプリンターは進化して性能が向上する。価格も安くなり、誰でも買えるようになる。筆者は、これまでに10台くらい買った。今では、教員だけでなく、生徒にも1人1台貸与されるようになった。パソコンはほとんどの家庭に普及し、なくてはならないものになっている。データは小さなUSBメモリーで持ち運べるし、安価なCDに焼くこともできる。

　在職中に原稿作成、製版、印刷の急激な進化を辿った世代からすると、原稿作成、原稿修正、印刷の全ての過程でずいぶん便利かつ楽になった。何よりも、あまり時間をかけずにきれいな印刷ができるようになった。印刷は機械が行うのでそれ以上の効率化は難しいが、原稿の作成と修正、製本は効率化が可能である。中でも原稿の作成は文章力やレイアウト力に比例するので、文章力やレイアウト力を磨かなければ改善できない。作家と編集者の役割が求められる。また、関連するアプリにも習熟しなければならない。文章を作成するだけならワープロなどを覚えれば済むが、見やすさを考えると、編集用アプリ「イン・デザイン（雑誌やチラシなどに使われている）」、写真を本格的に修正できるアプリ「フォトショップ」、自由度が高いアプリ「イラストレーター」はマスターしたい。その他に、表計算アプリ「エクセル」、プレゼンアプリ「キー・ノート」「パワー・ポイント」、「動画編集アプリ」などもマスターしたい。

　プロのデザイナーでない教員や自治体職員などは、チラシ類をワードで作成している人が多い思われる。文章作成のみなら、ワードでかまわな

い。しかし、チラシは見出しを付けたり、図表を挿入したりする。ワードは 1 枚のレイヤーしかないので、自由度に欠ける。「イン・デザイン」や「イラストレーター」を使えばもっとよくなる。

　「イン・デザイン」「フォトショップ」「イラストレーター」は、パソコンに内蔵されていないので、購入しなければならない。これらのアプリは高価である。幸い、教員や学生にはアカデミック版があるので、安く買うことができる。

　パソコンに有料のアプリをたくさんインストールすると、アプリ代は相当な金額になる。パソコンを買う場合は、アプリ代も見込まなければならない。パソコンは多様なアプリを使うことができるので、インターネット（Google、Safari、Yahoo など）、メール（Outlook、Gmail、Yahoo メールなど）、オフィス（ワード、エクセル、パワー・ポイント）中心ではもったいない。

　また、OS には Windows、mac、Unix、Linux などがある。Windows のシェアが圧倒的に多いが、使いやすさから mac も使われている。パソコンの仕組みが分かると、どの OS でも操作できる。Windows しか使えないとか、mac しか使えないのはよくない。

　さらに、ノートパソコンの小さな 1 つの画面ではなく、大きなモニター（クラムシェルモード）や複数のモニター（マルチモニター）を駆使したほうが効率的である。このように、効率化のためにはパソコンを使いこなさなければならない。

　原稿は手書きから、ワープロを経て、パソコンになった。ワープロやパソコンを使う前は、出版社に提出する原稿が手書きだったので、清書に時間がかかった。今は提出がデータもしくはデータとプリントなので、清書する必要がない。便利になったものである。

　また、筆者は手書きやワープロの頃は下書きしていたが、パソコンを使うようになってからは下書きなしに直接入力（キーボードまたは音声入力）している。文章ができてから画面やプリントを見直して、修正する。文章力の向上に比例して、修正が少なくなった。文章の入力や修正に、あまり

時間がかからなくなった。

（6） 全て資料をペーパーレスにするのがよいと思わない

　ペーパーレス化が進んでいる。その主たる理由は、印刷する労力の回避と紙代の節約である。ペーパー（アナログ）とペーパーレス（デジタル）には、それぞれ一長一短がある。全ての資料がペーパーまたはペーパーレスでよいとは思わない。ペーパーがよい場合、ペーパーレスがよい場合、両方あったほうがよい場合がある。

　文献を入手する場合、パソコンが普及する前は図書館に出かけて依頼し、コピー代と郵便切手代を払って、届くまでしばらく待たなければならなかった。今は、ネットで公開されている文献はすぐに入手することができる。プリントが必要であれば自分でできる。デジタル化のたまものである。

　ペーパーレス化は労力や経費の視点ではなく、分かりやすさや利便性、学びにおける教材の視点から考えなければならない。教員の働き方改革は、教員と児童・生徒が共同で学びを創る視点が最重要なので、教員の労力をいかに少なくするかの視点で論じるのは本末転倒である。労力回避を優先するなら、教員がやっていることをどんどん減らせばよい。

　近年、活字離れが言われている。新聞や本離れである。一番本を読まなければならない教員や大学生ですらそうであるというから驚きである。書店、出版社、新聞社が苦境に立たされるわけである。出版社や新聞社は電子版も販売して、売り上げの確保に必死である。書店は紙の書籍を並べるので、書籍のペーパーレス化が進めば書店の存続が困難になる。書店の存続が困難になれば、いくらネットで紙の書籍を購入できるといっても、紙の書籍全体の売り上げが減少する。紙の書籍の売り上げ減少は、紙の書籍全体の売り上げ減少になるので、書店や出版社の経営を圧迫する。

　日本の書籍の売り上げは、紙の書籍が約７割、電子書籍が約３割である。コミック類は、電子書籍の売り上げが増加している。持ち歩いて読むには、電子書籍はかさばらないのでよいのかもしれない。電子書籍がよい

なら、全ての本を電子書籍にすればよい。本屋も要らない。だが、本屋がない社会は想像したくない。最近出版した筆者の本は、紙版と電子版の両方で販売している。紙版と電子版を選べるのがよい。

　いずれにしても、授業力向上のためには他からの学びが不可欠なので、教員や大学生は市販された本、学会誌、研究紀要などから貪欲に吸収しなければならない。教員や大学生が積極的に本を購入することによって、出版界が活性化する。現在は出版界が苦境に立たされているので、専門書の出版には必ずしも積極的ではない。売れる本しか出版されない社会は、教育・文化の喪失である。そうなると、人間社会に未来はない。

　出版界が活性化すれば出版社の体力もつくので、専門書の出版も盛り返しが期待できる。教員が専門書を出版するハードルも下がる。専門書の出版が盛んになれば、教員や大学生はもちろん、教育全体にとってプラスになる。

　教員の皆さん、大学生の皆さん、大いに本を読もう！　教員の皆さん、論文執筆や実践報告に積極的に取り組み、大いに専門書を出版しよう！

18　労働環境を考える

（1）　不公平感を解消する

　近年、教員の多忙が話題になり、教員の働き方改革が議論されている。そもそも、教員はどこまでが仕事なのかが分かりにくい職業である。例えば、遊びに行ったときに、教材の大きなヒントになることもある。

　勤務時間を過ぎても、授業の準備や資料作成などで残業することが多い。持ち帰って、家で夜中に仕事をすることも多い。教員には残業に相当する業務に対して、50年以上前から、どの教員に対しても一律に教職調整額として給与月額の4％支給されている（給特法第3条第1項）。しかし、教員になってみると、忙しさは一人一人違う。勤務終了の時刻を過ぎると退校する人もいれば、遅くまで残って仕事をする人もいる。休日に出校して仕事をする人もいる。多忙に格差があるにもかかわらず、一律に給与月

額の4%支給されているのには不公平感があった。

　校長が超過勤務を命じることができるのは、「校外実習などの実習」「修学旅行などの行事」「職員会議」「非常災害」の4つの業務に限定されている。部活動などは、超過勤務を命令できない。

　教員になってみると、授業と会議を除くと、空き時間は極めて少なかった。筆者の場合は、少ない空き時間に教材研究、授業の準備や後片づけ、授業記録の記入、校務分掌の業務などを終えることはとてもできなかった。教材研究をあまりしない、授業記録もほぼつけない、校務分掌の業務は前年どおりにするなどすれば、勤務時間内に終えることは可能だと思う。どうしてもやらなければならないことだけをやるのである。全ての学校の教員が勤務時間内に終える範囲でしか仕事をしなかったら、教育の質が低下するのは目に見えている。

　教員には休暇が与えられている。「年次休暇（年休、有給休暇のこと。休んでも給料をもらえる）」「病気休暇」「特別休暇（結婚休暇、忌引休暇など）」「介護休暇」の4つである。年休は、勤務年数に応じて10〜20日与えられる。残った場合は20日まで繰り越すことができるので、最大で40日になる。年休は学校運営に重大な支障がないかぎり、校長は申請があったら認めなければならない。年休の取得は権利なので、本来は100%取得すべきものである。

　しかし、学校の教員になってみると、年休を取得すると児童・生徒や同僚に迷惑をかけるので、よほどのことがないかぎり取得できなかった。取得率の高い教員もいたが、筆者のように極めて低い教員も多くいた。年休の取得は権利であるが、どれだけ取得するかは個人に任せられている。取得率の高い教員からすれば、低い教員はもっと取得すればよいと言われるかもしれない。年休を使い切る人とほとんど使わない人がいることに、不公平感があった。年休を消化できない人には、例えば1日1万円×未消化日数のお金を支給すれば、年休をほとんど消化しない人の不満やモチベーションの低下は解消できるのではと思ったこともある。年休取得率の低い教員が、なんとか踏ん張って教育を支えているのは否定できない。

　そもそも、年休を自由に取得できないことに根本的な原因がある。現状の教員定数のままでは、学級定員を減らしても解決しない。大幅に、教員定数を増やすべきである。現状のままでいくら教員の働き方改革を進めても、小手先の改革にとどまるのは目に見えている。

　とりあえず、教員の不公平感を解消するためには、一律に教職調整額として給与月額の4％支給するのではなく、一人一人の残業時間に見合った残業手当を支給すべきである。年休は100％の消化を義務付けるか、未消化の年休を買い取ることが望ましい。

（2）　残業の中身の検討が必要である

　教職調整額を残業代に変更する場合は、何が残業に該当するかを決めなければならない。また、同じ仕事をしても教員の能力によって、仕事に要する時間に差が出る。同じ仕事をしても、残業代に差が出るのは困る。

　会議は勤務時間内に終わるので、あまり問題がない。勤務時間内に終えることができない授業に関わる業務は、全て残業として認めるべきである。教材研究、授業の準備、授業の後片づけ、授業記録の記入などである。また、学校には校務分掌があり、教員には複数の業務が割り当てられることが多い。校務分掌に関わる資料作成なども、勤務時間内に終えることができない場合は残業に認めなければならない。

　さらに、学校として行う研究に関わるものも、残業に認めなければならない。自主的に行われる個人研究までは、残業に認めなくてもよいと思っている。ただし、個人研究が授業や校務分掌と関連する場合は、その線引きが難しい。

（3）　学校の教員にも研究室が必要である

　教員になって、デスクワークの場所が狭い机1つだったのには驚いた。資料は、机の上と下にしか置くことができない。勤務した2校の上司から、机の上に物を置かないように指示された。しかし、資料を置く場所も確保してくれないのに、机の上に物を置かないように言われたのには違和

感があった。

　その点、大学教員は個人研究室があるので、資料の置き場所に困ることがない。ただし、個人研究室は教員どうしの交流が生まれない欠点がある。密室ゆえの弊害もある。筆者が大学に勤めていたときは、誤解が生じないように、女子学生と２人きりになるのは極力回避した。やむをえず２人になる場合は、研究室の扉を開け放しにすることを心がけた。近年の民間会社は、大部屋での業務が広まっている。大学も資料の置き場所を確保したうえで、大部屋で研究すべきである。密室の研究室から、オープンな研究室に転換すべきである。

　大学に勤務して、パソコンが苦手な教員が多いのに驚いた。学校に勤めていたときはパソコンに限らず、分からないことがあると教員室にいる同僚がすぐ教えてくれた。大学の教員は個室にいるので、同僚からすぐに教えてもらえない。個人研究室では、授業や教育に関する情報交換もあまり行われない。学校は全教員用の広い教員室や、学部や学年ごとの広い教員室はもちろん、５〜６人程度で使える共同研究室を完備すべきである。もちろん、会議室の完備は不可欠である。共同研究室には、豊富な図書や資料、パソコン類を完備するとともに、図書や資料を広げられる大きな机も必要である。教員どうしが情報交換や雑談ができる喫茶コーナーも必要である。

　そもそも、大学の教員も学校の教員も同じ教員なのに、大学教員はコマ数が少ないうえに研究室がある。一方、学校の教員はコマ数が非常に多いうえに共同で使う狭い教員室しかない。学校の教員も大学の教員並みにすべきである。そうすれば、今日話題になっている学校教員の多忙や、学校教員の働き方改革は一気に解消する。

（４）　印刷製本室・教材制作室が必要である

　学校に印刷室はあるが、物置のような部屋が多い。学校によっては、製本機、電動裁断機、紙折り機、ソート機能（頁順に指定した部数を印刷できる機能。印刷した後に頁順に並べる手間を省くことができる）やスタッ

ク機能（必要な部数を頁ごとに印刷する機能。後で頁順に並べなければならない）のある印刷機がある。うらやましい。

　また、印刷する前に資料を並べたり、印刷したものをそろえたり、綴じたり、製本したりしなければならない。そのため、広い作業台、広い消耗品の保管棚は必要である。電動ホッチキスも常備したい。

　学校は、印刷物とは切っても切れない。印刷機、製本機、作業台などが完備した、ミニ印刷所のような広い印刷室が完備した学校でなければならない。印刷・製本室は、学校における文化の発信基地である。発信基地にふさわしい部屋にしなければならない。教員の働き方改革に、製版、印刷、製本の環境の見直しも含めなければならない。

　また、教員は教材を自作することも多い。自作するときに汚れない教材もあるが、のこ引きなどで粉塵が出る教材もある。教材制作室は教室タイプのものと、倉庫室タイプの両方あるのが望ましい。さらに、教材が自作か既製品かを問わず、教材を保管するための収蔵庫が必要である。そして、教材のリストを作成して、教員の共有財産にし、誰でも利用できるようにする。

19　自分の心情に素直に生きる

　長年、知的に障がいがある児童・生徒に接していると、この人たちは嘘をつかない、ねたまない、うらまない、攻撃しない、人のせいにしない、欲張らない、言い訳しない、意地悪しないなど、実に正直かつ誠実であることを実感した。同時に、誠実に生きることの尊さを学んだ。

　しかし、教員の中には、上司に忖度したり、人を押しのけたり、嫌な仕事を避けたり、嘘をついたり、言っても言わないと言い張ったり、派閥を作ったり、相手によって意見を変えたりする人がいないとは断言できない。このような人は実に不誠実である。エゴイズムそのものである。

　管理職や同僚に気を遣って自分の考えを言わなかったり、遠慮したりするのは、自分を守ろうとするエゴイズムである。自分の考えを封印した途

端に、自分の人生を相手に委ねることになる。教育は人格を形成する場である。人格の形成とエゴイズムは相容れない。人間の生き方はさまざまなので、どのような生き方をするかは自由である。しかし、教員は誠実な生き方を身をもって示さなければならない。不誠実な人は、教員に向いていない。

エゴイズムは自己中心主義であり、執我による我欲である。エゴイズムは、自然や人間社会を蝕んできた元凶である。教員は、エゴイズム克服の先頭に立たなければならない。そして、エゴイズムの克服を教育の最重要課題にして取り組まなければ、人類に未来はない。

教員が、自分の心情に誠実に生きるのは簡単ではない。なぜなら管理職、同僚、行政などと関わらないわけにはいかないからである。関わりに誘惑などがないわけではない。誘惑などのために自分の心情を歪めるなら、自分が惨めになるだけである。一度でも自分の心情を歪めると、ずうっと引きずる。周囲からもそのような教員であると見られる。

筆者は知的に障がいがある児童・生徒から、自分の心情に誠実に生きることの大切さを学んだ。同時に、自分の心情にどれだけ誠実に生きているかを、この人たちから日々突きつけられていると思っている。この人たちに胸を張れる教員生活を送りたいと願ってきた。教員には、自分の心情にどれだけ誠実に生きているかが問われる。自分の心情に誠実に生きるためには、自分に厳しくなければならない。教員としての姿勢が問われる。教員としての生きがい、やりがいは、自分の心情に誠実でないとつかみ取ることができない。

20　読んでほしい図書を紹介する

（1）　児童・生徒が輝いている表情が分かる図書
　児童・生徒が授業に集中して輝いている場面を、言葉で伝えるのは限界がある。そこで、児童・生徒が集中して授業に取り組んでいる写真（スチール・動画）が意味を持つ。

理論書に、授業中の写真が掲載されることは少ない。実践書でも、教室の全体が写っている風景写真は多いが、表情がはっきり分かる写真は少ない。顔をぼかしたり、ひどい場合は眼を黒塗りしているものさえある。

近年は個人情報保護もあって、児童・生徒の表情が分かる写真が少ない。授業は、児童・生徒の表情が極めて重要である。表情によって、学びの状況を推し量ることができるからである。よって、表情が分かる写真は欠かせない。そこで、児童・生徒の保護者に対して、「研究のために授業中の写真を撮影させていただきたい」「教員が発表などで写真を使用したい場合は必ず事前に連絡し、承諾するか承諾しないかを確認させていただきたい」旨を伝えて、写真撮影の許可をお願いする。

次に紹介する図書の①③④⑤は小学校、②は養護学校（特別支援学校）での実践だが、実践を通して教育や研究の在り方に迫っているので、校種（幼保小中高）や教科に関係なく参考になる。単なる理論や考え方でなく実践なので、説得力がある。

①　小野成視『ひかりはたもち　授業を創る ― 三本木小でおこったこと』
　　評論社　1994

この図書には、青森県十和田市立三本木小学校（校長　伊藤功一）が授業を創るために大学教員と共同研究したときの、児童や教員の姿が掲載されている。児童や教員の真剣な表情が忘れられない。教育における児童や教員のあるべき姿がある。

この図書は新品は入手不可能であるが、古書では販売されている。33の大学の図書館や国会図書館などに収蔵されている。

②　弘前大学教育学部附属養護学校「図画工作・美術」班『豊かな心情
　　の世界 ― 土粘土による制作過程と作品 ― 』1991

この図書は、筆者が編集した。タイトルからも分かるように、児童・生徒の土粘土による制作過程と作品で構成している。小学部は土粘土遊びの様子、中学部と高等部は作品を制作している表情と完成した作品が収められている。心おどらせながら活動に取り組んでいる表情が忘れられない。

この図書は市販されなかったので、新品でも古書でも入手は難しい。全

国の附属特別支援学校、国会図書館、一部の大学や研究機関や美術館などに収蔵されている。

（2）　授業研究を考える図書

③　伊藤巧一『魂にうったえる授業 教えることは学ぶこと』日本放送出版協会　1992

この図書の新品は入手不可能であるが、古書は販売されている。

④　武田忠・伊藤巧一編『教員が変わるとき・授業が変わるとき ― 三本木小学校における授業研究の軌跡 ―』評論社　1994　2,750 円

この図書は、新品で入手できる。

①③④には、小学校教員と大学の研究者による授業の共同研究が記されている。中でも④に詳細に書かれている。図書のタイトルからも分かるように、教員が変わらなければ授業は変わらない、教員が変わるためには学びが不可欠であるとの考えから、授業研究会を徹底的に行っている。④の巻末にある付表には、３年間に実施された授業公開、授業研究会、教材研究会、研修会が詳細に記されている。その回数には圧倒される。同時に、きちんと記録が残されていたことにも驚かされる。ここには、授業研究を学校運営の第一に掲げ、実践した手本がある。全国の学校は学ばなければならない。

⑤　伊藤巧一『教員が変わる 授業が変わる 校内研修』国土社　1990

教員の授業力を高めるためには校内研修が重要であることを誰でも理解しているが、現状は多忙などを理由に、あまり活発に行われていない。校内研修の問題点を指摘しながら、義務感から解放された校内研修に取り組んだ過程が詳しく書かれている。③の図書でも研修に章を割いている。意義ある研修にするための必読書である。この図書の新品は入手不可能であるが、古書は販売されている。

（3）　教育の本質を考える図書

⑥　三木成夫『胎児の世界　人類の生命記憶』中央公論社（中公新書）
　　1983　770円

この図書は、新品で入手できる。

　三木成夫は解剖学者だが、人間の本質を鋭く追求している。人体に秘められた宇宙や生命記憶（太古から刻み込まれてきた森羅万象の意<ruby>こころ</ruby>）などを明らかにするとともに、現代人の自我の問題も鋭く指摘している。自然や世界との関わりを抜きに教育は存在できないことを思い知る。教育は狭義の教育方法学で考えるのではなく、生命の視点が欠かせない。三木成夫には、この著書以外に11冊の著書がある。こちらも推奨する。

　なお、三木成夫にはドイツの哲学者ルートヴィッヒ・クラーゲスの影響を読み取ることができる。ここではクラーゲスの著書は紹介しないが、本章の人間観や思考観などはクラーゲスを参考にしている。クラーゲスには、18冊の翻訳がある。いずれも難解だが、少しずつでも触れてほしい。

注

1) 成田　孝『子どもの生命を脅かす教師の精神 ― 子どもの生命が輝く、教師・教育・研究の在り方 ―』（以下、『〜教師の精神』）大学教育出版、2020、pp.89-90、一部修正。

2) 成田　孝『〜教師の精神』pp.93-94、一部修正。

3) 成田　孝『〜教師の精神』pp.101-102、一部修正。

4) 成田　孝『授業を支える教師の心』（以下、『〜教師の心』）大学教育出版、2023、pp.80-81、一部修正。

5) 弘前大学教育学部附属養護学校「図画工作・美術」班、『豊かな心情の世界 ― 土粘土による制作過程と作品 ―』1991。

6) 成田　孝『〜教師の心』pp.214-218、一部修正。

7) 成田　孝『〜教師の心』pp.218-220、一部修正。

8) 成田　孝『〜教師の精神』pp.143-145、一部修正。

9) 成田　孝『〜教師の心』pp.82-95、pp.106-108、一部修正。

10) 成田　孝『〜教師の心』p.82。

11) 下中邦彦『哲学辞典』平凡社、1975。

12) 田島正行「『エクスターゼの形而上学』序論 ― L.クラーゲスのエロース論（Ⅱ）」『独文論集』第9号、東京都立大学大学院独文研究会、1989、pp.59-108。

13) ルートヴィッヒ・クラーゲス／千谷七郎他訳『人間と大地』うぶな書院、1986、p.32。

14) 成田　孝『SDGs時代の子育て・教育 ― 幼少期からのエゴイズム克服法』（以下、『SDGs時代〜』）大学教育出版、2021、p.23。

15) 成田　孝『SDGs時代〜』p.148。

16) 千谷七郎『遠近抄』勁草書房、p.161。

17) 吉増克實「三木形態学と現実学」、三木成夫『ヒトのからだ ― 生物史的考察』うぶすな書院、1997、p.221。

18) 成田　孝『〜教師の心』pp.93-95、pp.106-108、一部修正。

19) 成田　孝『〜教師の精神』p.20。

20) 成田　孝『〜教師の心』pp.116-130、一部修正。

21) 吉増克實「三木形態学と現実学」、三木成夫『ヒトのからだ ― 生物史的考察』うぶすな書院、1997、p.230。

22) 吉増克實、前掲書、p.222。

23) ハンス・E・シュレーダー、「ルートヴィッヒ・クラーゲスの生涯と業績」、ルートヴィッヒ・クラーゲス／千谷七郎・平澤伸一・吉増克實訳『心情の敵対者としての精

神 第 3 巻・第 2 部』うぶすな書院、2008、p.2058。

24）大島清次「再考『芸術と素朴』」『開館 10 周年記念記念特別展コレクション 10 年の歩み 芸術と素朴』世田谷美術館、1996、pp.11-14。

25）大島清次、前掲書。

26）成田　孝『〜教師の心』p.68、pp.109-115、一部修正。

27）成田　孝『〜教師の心』pp.150-152、一部修正。
　　成田　孝『〜教師の精神』pp.110-115、一部修正。

28）林　竹二・伊藤功一『授業を追求するということ』国土社、1990、pp.55-59。

29）成田　孝『〜教師の心』pp.28-30、一部修正。

30）経済協力開発機構（OECD）編著『社会情動的スキル ― 学びに向かう力』明石書店、2018、p.52。

31）OECD『家庭、学校、地域社会における社会情動的スキルの育成』ベネッセ教育総合研究所、2017。

32）経済協力開発機構（OECD）編著、前掲書、明石書店、2018、p.53。

33）成田　孝『〜教師の精神』pp.139-142、pp.145-155、一部修正。

34）成田　孝『〜教師の心』pp.152-157、一部修正。

35）成田　孝『〜教師の精神』pp.136-139、一部修正。

36）林　竹二・伊藤功一『授業を追求するということ』国土社、1990、pp.235-239。

37）成田　孝『〜教師の精神』pp.189-197、一部修正。

あ と が き

　高校生や大学生が教員を敬遠する理由に、世の中に浸透してきている「教員は忙しい」というイメージがあることは否定できない。ただ、教員の忙しさは一人一人違う。定時に帰宅する教員もいれば、遅くまで仕事をする教員もいる。また、早期に退職する教員もいれば、心を病んでいる教員もいる。

　教材研究、資料作成、研究などはこれでよいということがない。きちんとしようとする教員ほど、時間をかける。時間はいくらあっても足りなくなる。授業は、徹底的に教材研究しなくてもできる。資料作成も前年を踏襲したものでよければ、比較的簡単に作成できる。研究に至っては基本的に義務ではないので、やらなくてもかまわない。仕事に向かう姿勢は、教員によってさまざまである。普通にやっていれば、誰にでも務まる職業になっているのは否定できない。

　重要なのは、児童・生徒の学びをいかに創るかである。大学に勤めてみると、会議（全学委員会、学部教授会、学科会議、学科委員会など）に出席しなければならないが、担当する講義のコマ数の少なさに驚いた。拘束されるのは実質2～3日程度だった。夏休みや春休みも長い。出張などで講義ができないときは、別の日時に補講することができた。そして、何よりも、研究や授業準備などに十分時間をかけることができた。それに比べると、学校の教員は、授業と会議を除けば自由に使える時間がわずかである。自由になる時間は、極めて少ない、自由に使える時間内に授業の準備や片づけ、さまざまな業務、研究などは到底できない。そのため、良心的な教員ほど遅くまで学校に残って仕事をしたり、仕事を家に持ち帰ることになる。年休とて、自由に取れる状況ではない。

　教員の多忙は、事実である。多忙は、解消しなければならない。ただ、現在議論されている「部活動の地域移行」や「ICT化の促進」などでは根本的に解決しない。教員の定員を大幅に増やして、大学教員のような研

究や授業準備などができる環境にしなければならない。大学の教育も大事だが、保育園・幼稚園・学校（小学校・中学校・高等学校）の保育・教育こそ重要ではないのか。ならば、保育士や教員（幼稚園・学校）には、大学の教員並みに研究や授業準備などができる環境を用意しなければならない。大学に手厚くて、保育園・幼稚園・学校に手薄くてよいとの理屈はおかしい。環境の改善は、現場の教員こそ声を上げ続けなければならない。

　ただし、児童・生徒の学びの創造と、教員の増員などによる多忙の解消は別問題である。教員の多忙は解消されなければならないが、それ以上に、教員と児童・生徒が共同でいかに学びを創るかを探究し続けなければならない。簡単には学びを創ることができない。ここに、教員という職業の大変さと厳しさがある。そして、学びを創る過程で、教員自身が授業力の高まりを感じたり、児童・生徒の成長を目の当たりにできる瞬間に、教員としてのやりがいを実感することができる。

　教員としての魅力や可能性をどこまで実感することができるかは、教員しだいである。どのような職業でも、楽して高給をもらえない。高給が目的なら、教員以外の職業を選べばよい。普通の給料でもよいから楽したい人も、別の職業を選べばよい。

　人生は一回きりである。やりがいのある、かけがえのない人生を送るためには、自分らしさを最大限に発揮しなければならない。挑戦である。挑戦には、絶えず困難が付きまとう。高い壁を苦労して乗り越えたり、紆余曲折するのはあたりまえである。

　38 年間の中学校・養護学校（特別支援学校）、7 年間の大学の教員体験者として、教員という職業が挑戦に値する職業であることは断言できる。高校生の皆さん、大学生の皆さん、教員という職業を目指しませんか。

　最後に、本書の出版を快諾いただいた、大学教育出版佐藤守代表取締役および中島美代子編集担当に心からお礼申し上げる。

2024 年 3 月 20 日

　　　　　　　　　　　　　　　　　　　　津軽にて　成田　孝

■著者紹介

成田　孝（なりた　たかし）

　1950年青森県生まれ。多摩美術大学卒業。4年間の公立中学校教諭、計34年間の県立・国立・私立の養護学校教諭、7年間の大学教授を歴任。第12回（平成3年度）辻村奨励賞受賞。

所属学会
　Klages‐Gesellschaft（ドイツ）

主な著書
　『授業を支える教師の心』（大学教育出版、2023）、『SDGs時代の子育て・教育 ― 幼少期からのエゴイズム克服法 ―』（大学教育出版、2021）、『子どもの生命を脅かす教師の精神 ― 子どもの生命が輝く、教師・教育・研究の在り方 ―』（大学教育出版、2020）、『障がい者アート ―「展覧会」と「制作活動」の在り方 ―』（大学教育出版、2019）、『心おどる造形活動 ― 幼稚園・保育園の保育者に求められるもの ―』（大学教育出版、2016）、『教師と子どもの共同による学びの創造 ― 特別支援教育の授業づくりと主体性 ―』（共著、大学教育出版、2015）、『発達に遅れのある子どもの心おどる土粘土の授業 ― 徹底的な授業分析を通して ―』（黎明書房、2008）、「『情操』概念に関する一考察」『大学美術教育学会誌 第24号』（1992）、「表現の意味について ― ルートヴィッヒ・クラーゲスに依拠して ―」『弘前大学教育学部教科教育研究紀要 第1号』（1985）。

学校の教員になろう！
― 元教員が語る、教員の魅力と在り方 ―

2024年7月25日　初版第1刷発行

■著　　者 ―― 成田　孝
■発 行 者 ―― 佐藤　守
■発 行 所 ―― 株式会社 **大学教育出版**
　　　　　　　〒700-0953 岡山市南区西市855-4
　　　　　　　電話（086）244-1268　FAX（086）246-0294
■印刷製本 ―― モリモト印刷㈱

ISBN978-4-86692-310-9